U0134786

閱讀余英時

著作與志業

黃進興
胡曉真
等著
主編

前言

　　余英時先生於二〇二一年秋天遠去，各界震悼不已。在王德威院士的倡議下，「中央研究院中國文哲所」規劃了「余英時院士紀念專輯」，由王德威教授與我主編，發表於《中國文哲研究通訊》31卷4期（2021.12）。這一專輯採取了一個比較特殊的角度，如專輯的〈前言〉所述：「爲表達對先生的敬意與思念，我們重溫他的重要著作，並以深入淺出的文字介紹給青年一輩學者，以期實踐薪火相傳的意義」。我們試圖呈現這一代史學、文學、經學、政治學者對余先生著作的閱讀與理解，乃至於反思甚至挑戰，希望引領青年學者與讀者重新通過閱讀余先生的著作，探索人文學的各個面向，從而形成自己的學術思考。同時，專輯也收錄了王汎森、丘慧芬、唐小兵幾位教授對余先生的緬懷，或者對其所思所論的考察。

　　《閱讀余英時：著作與志業》一書以「余英時院士紀念專輯」爲基礎，但內容更爲豐富。我們收錄了之前未及編進專輯的陳來教授的紀念文，又邀得黃進興教授允許我們轉刊他回憶從學於余

先生的文章，同時，唐小兵教授的文章也得以完整版呈現。爲了讓本書更具收藏價值，我們還徵求作者提供珍藏的照片。讀者可看到余先生不同時期的影像，亦可一窺他與當代重要學者的相處之情。其中更有一張余先生早年粉墨登場演出京劇的照片，由王德威教授提供，尤其難得，讓人不禁懷思余先生在學者、師長形象之外的另一種形貌，豈不令人神往。

　　本書既讀書，也懷人，在編排上則是先以首次出版的年份先後爲序，評介余先生的十二種著作，再以六篇紀念文章，展現余先生的學術志業。在本書出版之際，必須感謝「中央研究院中國文哲研究所」授權，允晨文化全力支持，更要特別感謝「蔣經國國際學術交流基金會」惠予贊助。余先生於1986年與多位海外教授向蔣經國總統倡議成立國際學術基金會，以振興國際漢學，因而之後有「蔣經國國際學術交流基金會」之成立，先生並擔任創會董事。1988年，多位中研院院士在院士會議中連署成立「中國文哲研究所」，余先生即爲該所創所諮詢委員。這些無疑都是先生之「志業」的一種展現。今日我們以《閱讀余英時：著作與志業》一書向余先生致敬，也寄託著對臺灣人文學術發展的深深關切。願余先生的著作與信念繼續啓發青年學者，願文化的薪傳世代相承。

中央研究院中國文哲研究所特聘研究員

蔣經國國際學術交流基金會副執行長

胡曉真

目次

◆ 溶實證與詮釋於一爐：寫在《方以智晚節考》初版發 9
　行五十週年
　◎廖肇亨
　──《方以智晚節考》，香港：新亞研究所，1972；台北：允晨文化
　　公司增訂擴大版，1986。

◆ 思想史的內在理路──余英時《論戴震與章學誠》的 15
　學術遺產
　◎蔡長林
　──《論戴震與章學誠：清代中期學術思想史研究》，香港：龍門書店，
　　1976；台北：華世出版社重印本，1980；台北：東大圖書公司
　　增訂本，1996。

◆ 紅學的無窮法門──《紅樓夢的兩個世界》的典範意義 23
　◎胡曉真
　──《紅樓夢的兩個世界》，台北：聯經出版事業公司，1978；1981
　　年增訂再版。

◆ 獨立之精神，自由之思想 29
　◎王德威
　──《陳寅恪晚年詩文釋證》，台北：東大圖書公司，1998

◆ 五四與反五四的「內在融合」：余英時先生的胡適研究 37
　◎黃克武
　──《中國的思想史上的胡適》，台北：聯經出版事業公司，1984。《重
　　尋胡適歷程：胡適生平與思想再認識》，上海：上海三聯書店，
　　2012；臺北：聯經出版事業公司，2014增訂版。

◆ **魂入世間：價值的呼喚** 57

◎黃冠閔

——《從價值系統看中國文化的現代意義》，1984

◆ **中國的宗教倫理與商人精神** 63

◎李孝悌

——《中國近世宗教倫理與商人精神》，台北：聯經出版事業公司，1987。

◆ **《朱熹的歷史世界——宋代士大夫政治文化的研究》** 71
述評

　◎鍾彩鈞

——《朱熹的歷史世界——宋代士大夫政治文化的研究》，臺北：允晨文化出版公司，2003。

◆

史學大師的思想史視野——從《宋明理學與政治文 77
化》談起

◎呂妙芬

——《宋明理學與政治文化》，臺北：允晨文化出版公司，2004

◆

讀《東漢生死觀》紀念余英時先生遠遊 83

◎李貞德

——《東漢生死觀》，上海：上海古籍出版社，2005；臺北：聯經出版事業公司，2008。

◆

〈從科學民主到人文民主：評介余英時先生大作 91
《人文與民主》〉

◎朱雲漢

——《人文與民主》，臺北：時報文化，2010。

◆ 從巫術文化到現代科學 —— 余英時論天人之際重要觀　........99
　點的繼承與發展
　◎范麗梅
　—— 《論天人之際：中國古代思想起源試探》，臺北：聯經出版事業
　　　公司，2014。

◆ 師門六年記：1997-1983　......105
　◎黃進興

◆ 建立「海外文化王國」 —— 余英時先生1960年代的　......117
　一個構想
　◎王汎森

◆ 余英時論中國文化和自由民主接榫的精神資源　......129
　◎丘慧芬

◆ 二〇二一，春風遠矣 —— 敬悼余英時先生　......141
　◎唐小兵

◆ 與余英時先生的學術交往雜憶　......159
　◎陳來

◆ 通古今之變者，必究天人之際 —— 紀念余英時先生　......171
　◎葛兆光

溶實證與詮釋於一爐：寫在《方以智晚節考》初版發行五十週年

廖肇亨

允晨文化提供

　　《方以智晚節考》一書最初由香港新亞書院於1972年正式出版，其師錢穆先生為其製序。此書雖非余先生處女作，但卻是首次引起學界廣大迴響的作品，非在此之前諸書可以比擬。余先生言此書之作乃「希望通過他（方以智）在明亡後的生活與思想，試圖揭開當時遺民士大夫的精神世界的一角」[1]、「余筆下所及雖限於一人之事，而目光所注則在明清之際文化動態之整體」[2]此書雖

1　余英時：〈總序〉、《方以智晚節考》（北京：三聯書店，2012），頁1。此文為《余英時作品系列》系列叢書總序，以下稱〈總序〉。

2　余英時：〈增訂版自序〉，（台北：允晨出版社，增訂一版二刷，2021年8月），頁1。

是聚焦在方以智晚年生命歷程與思想型態，但最終用意仍在嘗試勾勒明末清初知識社群的精神圖景。余先生屢將《方以智晚節考》與陳寅恪《柳如是別傳》並而觀之，甚且自謙「《晚節考》也許可以算做《別傳》的一條附注」[3]。《柳如是別傳》在余先生心目中地位之高不言可喻，然而余先生也說：「初考密之晚節時雖未見其書（《柳如是別傳》），然拙工之斧斲之竟有合於公輸之準繩，私心頗用自壯」。

晚清以來，知識社群對明末清初的興趣越發提高，國民革命、階級革命、資本主義萌芽云云，莫不皆追溯到晚明清初。特別是晚清以來知識人大量東渡日本，由於明治維新時的日本志士亦頗推尊明清易代之際渡日諸家，諸多中土散佚已久的人與書，又重回世人眼目，南社諸公於此頗為熱衷，拳拳致力於將在日本發現的諸多文獻重新在中國發行，引起知識社群與愛國青年的高度關心與熱情，例如有清一代聲名不彰的朱舜水，其反清復明的堅定立場以及水戶學派在明治維新發揮的重要作用（特別是會澤正志齋）加乘，一躍位居民族英雄。抗戰軍興，整個國家一直處在存亡危急之秋，明遺民的時代處境一直是滋養著知識社群話語擬喻的靈感來源，1944年前後，中日戰爭烽火最為熾烈的時節，偶逢甲申三百週年，各種以明末清初為主題的文學、歷史作品紛紛問世，郭沫若對於明末清初雖然沒有下過深切工夫，〈甲申三百年祭〉一文雖然考據欠精，郭沫若卻藉由此文激起讀者的熱情，更廣獲人民對於左翼知識陣營的認同。想必對歷經國共內戰

3　余英時〈總序〉，頁1。

之後，之後又無法決定去留的陳寅恪而言絕不陌生，類此種種定然記憶猶新。《柳如是別傳》一書號稱引書多至四百餘種，其中不乏諸多禁毀史料。余先生《方以智晚節考》雖然只是以方以智晚年為課題核心，在規模上遠不及《柳如是別傳》，故余先生曰：「1971年我寫《晚節考》時，《（柳如是）別傳》的原稿尚在塵封之中」[4]。不過兩人並不只是單純的「閉門造車，出門合轍」，福至心靈的巧合而已，而是共同參與了當時知識界文化界共通的核心價值。

　　透過對方以智，乃至於明遺民相關詩文的研析，余先生稱之為「解碼」或「譯解密碼」（decoding），余先生於此釋之曰：「清初遺民之隱語方式，因人因事而異，系統各別且與當時史事與古典傳統皆密切相關，故又非憑空逞臆所能通解，惟有實證與詮釋參伍以求，交互為用，庶幾有以知古人之言，而見古人之心耳。陳寅恪先生撰《柳如是別傳》，即溶實證與詮釋於一爐而卓著成效者也。」余先生自言在「考證」的目的是古人之心，所謂「詮釋」則在「善解古人之言」，經由《方以智晚節考》，余先生領悟到「考證」與「詮釋」合一的研究方法，並以之嘗試逼近陳寅恪的內心。其後「以偶然因緣，而有《陳寅恪晚年詩文釋證》之作，即以陳先生之法還讀陳先生之詩文，乃益信實證與詮釋殆如兩束蘆葦之相倚不倒。故以方法論而言，《晚節考》與《詩文釋證》兩書實有內在之一貫性。」二書乃成系列之列，可以說是余先生重訪陳寅恪精神面目的溯源歷程。余先生又說：「《方以智晚節考》與《陳

4　余英時：〈總序〉，頁1。

寅恪晚年詩文釋證》皆考證之書，然其旨則有超乎一人一事之考證以外者，蓋亦欲觀微知著，藉「個人良知」以察「集體良知」也」，透過一個精密的個案分析，體察一個時代心靈的變動。

眾所周知，余先生對胡適情有獨鍾，論學亦絕非保守一路。然在《方以智晚節考》一書，卻不無自衿的說道：「余孤陋，治思想史仍守知人論世之舊義而不欲墮於一偏，論世必尚外在之客觀，故實證之法為不可廢；知人必重內在之主觀，故詮釋之法亦不可少。」曰「孤陋」、曰「舊義」，但卻「不可廢」、「不可少」，乃有意針砭當時學風之偏廢。然此書之所以「不可廢」、「不可少」，除了研究方法的獨特性之外，在余先生的生命歷程中仍有特殊的重要性值得一探。

余先生自言知治明清思想，啓途於其師錢穆先生的《中國近三百年學術史》，然於方以智之學語多不詳，於海外得若干珍貴文獻（如《青原山志》等）乃能略窺其生平與學術。又於1971年草創此書時，與楊聯陞共事於哈佛，論學之樂，為生平之最，其中當不乏與撰著此書相關之事。此書出版，大陸方面的回應，余先生特別標舉冒懷辛、錢鍾書、蕭萐父、周一良四人作為聲氣相應的讀者[5]。冒懷辛、蕭萐父兩先生略長於余先生，錢鍾書、周一良則為余先生素所尊仰的前輩。又周一良留美其間，與楊聯陞先生多所往還，亦人所共知，同時余先生也刻意記錄下京都大學島

5　余英時：〈新版序〉，《方以智晚節考》（台北：允晨出版社，增訂一版二刷，2021年8月），頁5-6。

田虔次的一次對話[6]。在《方以智晚節考》以前，余先生也曾歷經思想探索、甚至新舊方法抉擇之類的自我探尋時期。綜上所述，不難看出，明末清初的方以智，成為余先生與過去學術傳統聯繫的重要關鍵。中國或西方、傳統或現代、個人或集體，實證或詮釋，全部如泥牛入海，不一亦不異。

最後，特別值得注意的是：其實錢穆先生《中國近三百年學術史》言及方以智甚為簡略。在〈小引〉中，余先生透露其注意到方以智，乃因侯外盧《中國思想通史》援引多種藥地著作，然多數著作於海外不易經眼。《中國思想通史》以唯物主義思想先驅論方以智，今人多不以為然，其自有時節因緣，無庸多言。無論如何，此書也曾經帶動方以智研究的一波熱潮，值得提上一筆。

《方以智晚節考》一書中最早考訂的諸多結果，余先生屢經改易，唯方以智殉節投水一節殆為定論，僅此一端，余先生便足稱方以智之異代知己。近年方以智相關的史料文獻大量問世。閱讀方以智，正好可以在《方以智晚節考》初版發行五十週年之際重新開始。事之難能與巧合如此，不可以不記。

6　余英時：〈小引〉，《方以智晚節考》，頁22。

〈思想史的內在理路——余英時《論戴震與章學誠》的學術遺產〉

蔡長林

三民書局提供

　　余英時先生對清代學術思想研究的最大貢獻，當是透過「內在理路」之說，重新解釋清代思想史。余先生指出宋明儒學內部「尊德性」與「道問學」兩大脈絡的學術爭執，及其訴諸經典的考證以圖解決爭端的作為，在客觀上導致了儒學智識主義的興起，並以此視角來釐析清代考證學的興起與宋明理學之間，有其內在連結的一面。換言之，從宋明理學至清代考證學之間，雖然在學術觀注點與表現型態上產生了極大的差異性，然而兩種學術現象之間，仍有其有跡可循的內在聯繫，亦即儒學之運在由「尊德性」轉向「道問學」的過程中，儒學智識主義也從隱而至顯，不但開展於清初顧、黃浙西、浙東分重經史的學統之中，更結穴

於清中葉戴東原與章實齋分別由「經學訓詁」與「文史校讎」以求「道」的學術追求之中。所以,清學並非宋明儒學的反命題,而是近世儒學復興中的第三階段,也是在「尊德性」與「道問學」兩派爭執不決的情形下,儒學發展的必然歸趨,即義理的是非取決於經典。在增訂本《論戴震與章學誠》外篇的第五、六章,余先生補上〈從宋明儒學的發展論清代思想史 —— 宋明儒學中智識主義的傳統〉、〈清代思想史的一個新解釋〉這兩篇討論儒學智識主義的興起與清代考證學之間內在聯繫的姊妹之作。換言之,余先生是在告訴我們,他是把對戴震與章學誠的討論,納入他對儒學智識主義興起的系列考察之中。所以有必要將其對《論戴震與章學誠》的討論納入「內在理路」之說來一併觀察。

有別於章太炎用「反滿說」,或是梁啓超、胡適用「理學反動說」(後來又有侯外廬的「市民階級興起說」)等外緣視角來解釋考證學的興起或是說明清代思想與宋明儒學傳統的關係,錢穆先生從延續性的角度出發,指出「不知宋學,則亦不能知漢學」,強調「不知宋學,則無以平漢宋之是非。且言漢學者,必溯諸晚明諸遺老。」(《中國近三百年學術史》自序、引論)雖然汪榮祖頗不以為然,批評錢先生謂清代學術導源於宋,而宋學又導源於唐之韓愈,其意清學既揭漢敵宋,若不知宋學,便無以平漢宋之是非。欲知宋學,必須追蹤到唐宋。若然,則近三百年學術史應作近九百年學術史矣。(《史學九章》)不過錢先生的觀察,倒是為余先生的「內在理路」說奠定了論述的基礎。按照余先生的解釋,理學內部「尊德性」與「道問學」兩大義理系統存在著智識主義與反智識主義的對立,這一現象在陽明學崛起後更形明顯。

為了解決彼此在義理上的爭端，產生了義理的是非訴諸於經典的現象，終焉而走向訓詁考證之路。例如羅整庵對於「性即理」與「心即理」之辨，即取證於《易經》；又如王陽明不滿於朱子的〈格致補傳〉，欲為拔本塞源之論，遂有〈朱子晚年定論〉之說，更有《古本大學》之訂。這種理學內部的爭論，讓儒學智識主義的興起有了契機。換言之，義理的是非，已不再只是依存於個人的體認，而有取決於經典考訂之現象，於是明中葉自楊慎以下，焦竑、方以智等「道問學」之伏流，一一浮現，而宋明以來儒學終不絕如線的智識主義遂因此而得了發展的機會。

　　到了明末清初，對「聞見之知」的重視，又更加明顯。例如清初三大儒顧炎武、黃宗羲、王夫之都強調「道問學」的重要性。並且，這種取決於經典考證以解決義理爭端的現象也更明朗化。例如心學大家劉宗周的弟子陳確著〈大學辨〉，意在證明《大學》非聖賢經傳，而是秦火後之產物。其意在藉由論證《大學》之非以解決義理系統上的困難，而劍指之處，即在朱子的〈格致補傳〉。換言之，此乃借考證以解決心學與理學之爭端。又如同屬浙東王門的黃宗羲、宗炎兄弟，以及稍後的毛奇齡，他們考辨朱子《周易本義》所載先天、太極諸圖，以為出於道門，亦不難理解其背後的義理學動機。而最明顯的例子，則是閻若璩的對《古文尚書》的考辨。須知偽古文〈大禹謨〉有所謂虞廷十六字心傳，此為陸王一脈最重要據點，然而對程朱一脈而言，最多只有邊緣價值。百詩雖非理學中人，然基本哲學立場為遵程朱而黜陸王，故《尚書古文疏證》時有攻擊陸王的議論，且於十六字心傳鄭重致意。為此，學尊陸王的毛奇齡致書閻氏，批評他考辨《古文尚

書》眞僞，奈何罪及陸王，實節外生枝，遂有《古文尙書冤詞》之作，特別強調十六字心傳非出後世僞造。

所以，仔細檢查淸初大儒的學術根柢，會發現顧亭林、閻百詩的考證是反陸王的，而陳乾初、毛西河的考證是反程朱的，他們在很大程度上依然繼承了理學傳統程朱和陸王的對壘。余先生認爲，決不能籠統地說淸代經學考證單純地起於對宋明理學的反動，這樣的說法只是一種對歷史現象的描寫，不足以稱爲嚴格意義上的歷史解釋。如此既無法辨別出淸初考證學者的思想動機，也沒有察覺到十六世紀以後儒學從「尊德性」階段轉入「道問學」階段的新動向。在余先生看來，貫穿於理學與淸學之間有一個內在的生命。從思想史的角度看，明中葉以後考證學的萌芽，說明的是明代儒學在反智識主義發展到最高峰時開始向智識主義轉變的一種表示。所以也不能把明淸之際考證學的興起解釋爲一種孤立的方法論運動，它實與儒學之由「尊德性」轉入「道問學」，有著內在的相應性。

按照余先生的思路，討論淸代乾隆盛世考證學者戴東原的學術行爲，也應從儒學智識主義的興起與傳衍這個角度來觀察。他特別強調他個人重新整理淸代思想史，靠的是章實齋現身說法時所提供的線索。按照章實齋的論述，朱陸兩系學問，到了淸初形成了所謂「浙西之學」與「浙東之學」。浙西之學始於顧亭林，經閻百詩等一直傳到與實齋同時的戴東原。浙西之學尙博雅，實齋認爲這是繼承了朱子「道問學」的傳統。浙東之學始於黃宗羲，經萬氏兄弟、全祖望等傳到實齋本人。浙東之學的特點是重專家，講究先求大體再行深入。總體而言，淸代朱陸變成了浙西和

浙東的分流，博雅和專家的對峙，經學和史學的殊途。余先生根據章實齋提供的線索，從戴震早期的著作《經考》及《經考附錄》中發現，雖然戴震在嚴格意義上並未拜江永爲師，但在學術價直觀上，頗爲認同朱子之學，這是受到學尊程朱的江永所影響。江永不但是一個謹守程朱之教的學者，也是專精於考據的大師。乾隆五十一年江南鄉試，首場四書文發題爲《論語・鄉黨篇》「過位」一節，主考官朱珪採用的標準答案，就是來自江永的《鄉黨圖考》，於此可以想見江永在考據上被重視的程度。而戴東原接受到的，就是來自於江永在理學與考據學上的雙重訓練。換言之，東原除了精於考據之外，此時他在義理上，仍傾向於朱子。

　　乾隆十九年，戴震以避仇而遠走北京，憑藉其堅實考據功底，迅速名動北京清貴圈子。當時北京學壇領袖如錢大昕、朱筠、紀昀等人，多尙考據而不喜義理。東原以一布衣側身其間，爲求生存，面臨了極大的心理壓力。於是而遂有余先生所言，易其刺猬之本性，化爲狐狸之面貌，融入狐狸圈子以求認同，每與狐狸聚首而時出輕言以侮朱子，最後竟被尊爲眾狐狸之首。這是乾隆三十一年實齋初會東原時，東原在學壇的形象。其時東原告以治經訓詁明而後義理明之門徑，所謂「聖人賢人之理義非它，存乎典章制度者也」。此又實齋學術性向所不能承受之重，於是而實齋之於東原，亦有無法逾越之壓力與創傷，此蓋爲實齋一生治學，以東原爲他者而力求並駕齊驅乃至超越東原的執念之所在。就東原而言，雖以考據面目爲世所稱，然深心之中實喜義理過於考據，故自中年至晚年，乃陸續有《原善》、《緒言》、《孟子字義疏證》之作，且自言作得義理之書而身心喜樂，而考證之學則餘

事耳。且東原於義理之轉變，自尊朱而排朱而終至痛詆朱子，雖有其自身在義理上之領悟，然在實齋看來，適所以見其心術之不正。其故在於東原飲水忘源，不能本諸性情，堅持自身所學，爲求預流而掩其學術根柢，乃至批判朱子以取悅於衆狐貍。對照實齋之堅持所守而不爲世人所知所重，則東原行徑招來實齋之譏，良有以也。換言之，實齋一生治學，時刻以東原爲參照，亦自言於東原最爲解人，而於東原學術，頗有針鋒相對之勢。如以「浙西」、「浙東」派分學統，以「文史校讎」對治「經學訓詁」，乃至揭「六經皆史」之說以消解東原專從經學求義理之治學門徑。實齋雖透過學脈傳承之論述，爲自身與戴氏尋找學理發展的必然性依據，以增強其學術的說服力並抬高自身的學術地位，此等情實亦爲余先生所揭破，然而余先生依據如此「脈絡清晰」的「內在理路」所進行的討論，究爲歷史之實情，抑或是如余先生所批評的黑格爾一系「玄想的歷史哲學」，而非他所欣賞的柯靈烏「批評的歷史哲學」？恐怕不無疑問。

蓋余先生爲我等揭示儒學智識主義在近世由微而顯的精彩畫面，其意雖在爲「反滿說」、「理學反動說」或「市民階級興起說」等外緣解釋之外，尋找考據學興起的內在線索，然而這種主線過於明晰的思想史敘述，其實對充分理解清代思想史之情實，無疑會帶來排擠效應。雖然學術界頗有清代兩百餘年的儒學傳統只有學術史上的意義，而無思想史可言的偏見，但是將清代儒學和宋明理學栓在思想史的內在鎖鏈上，用以說明儒學傳統在清代的新動向的敘述模式，其實是忽略了清代思想學術的主體性。換言之，余先生論述清代思想史的思路，依舊是在錢穆先生所設定的

由宋明理學以觀清代儒學的框架之內。這樣的敘事方式爲我們宏觀掌握儒學的思想變化帶來方便，但是對清代興起的考證學在思想史上的意義，並無法作出充分的說明，這又是我們在充分肯定余先生「內在理路」之說爲我們帶來豐沛學術遺產的同時，所必須思考之處。

紅學的無窮法門——《紅樓夢的兩個世界》的典範意義

胡曉真

聯經出版公司提供

　　《紅樓夢的兩個世界》[1]的核心是《紅樓夢》研究的典範問題。余英時先生開宗明義指出了紅學在當時（1970年代）面臨的典範危機，並且，雖然他在「自序」中表明並非要做「紅學家」，更強調本書是他個人紅學生涯的終點，但是全書從理論性辨析到對小說作者與其思想的考察，確實是一個為紅學建立新典範的嘗試。四十餘年後，紅學新說仍然此起彼落，我們未必能說這些新的詮釋都繼承（反對亦可能是一種繼承）了本書提出的方法與說

---

1 《紅樓夢的兩個世界》初版為1978年聯經版，2017年二版。另有1981年上海社會科學院的增訂版，增加〈曹雪芹的反傳統思想〉一文。

法，但其間的呼應還是顯而易見的。

　　本書第一篇文章的標題是〈近代紅學到發展與紅學革命〉，正是全書的基石。以「革命」這一較為激烈的詞彙入題，對這一學術史問題的關切可謂溢於言表。誰要革誰的命呢？如果順時來看，那麼原來紅學有以蔡元培的《石頭記索隱》為代表的一種典範，亦即將《紅樓夢》讀作民族主義的政治小說，並且將書中人物與歷史人物一一對應。革其命者就是胡適的《紅樓夢》考證以及其所奠定的「曹雪芹自傳說」，這「新紅學」即是一個新的典範。但本章所謂革命，倒不在於後者革前者之命，作者真正要強調的是：一切典範，最終必然從內部開始發生危機（稱之為「技術崩潰」），從而受到新典範的挑戰，然而，原來的典範也仍然會在新典範的運作中繼續發揮效用。不妨說，這是主流、潛流、餘流的起伏變化，沒有革命成功就永保太平這回事。自傳說典範在新材料的支撐下，徹底挑戰了索隱派典範，然而，本章措意在於指出當時自傳說面臨的技術崩潰，亦即，當自傳說典範極大化，將曹雪芹家族與小說中的賈府完全等同，此時這一典範忽視了《紅樓夢》的小說本質，其局限性也就顯現了。那麼，誰要來革自傳說的命，又日新的典範如何建立？余先生明確指出，1970年代興起的以「階級鬥爭論」為中心的紅學並無法完成這個典範轉移的革命任務。這一派解讀接受曹雪芹是小說作者的說法，但將曹府興衰視為社會縮影，把小說讀作對封建社會的批判。余先生認為這是目的先行的讀法，不是出自作品內部需求的解讀，故而無法成為典範。

　　在以學術史的眼光分析了民國以來的紅學發展後，余先生提

出了他對新典範的主張。他認為，新典範必須根據作品內部「創造意圖與內在結構的有機關係」而進行詮釋，注意小說的理想性與虛構性，在學術中彰顯《紅樓夢》作為小說的地位。這樣的倡議今日看來似乎理所當然，在當時卻掀起漫天烽火，現在看來，果然是革命必經之路。余先生對考證派的批評非常直接，他認為學者發現材料欣欣然自喜，但只靠外部證據無法「證明」小說本身的旨趣，無法觸及紅樓夢的「中心問題」。因此，他主張必須集中於前八十回的文本與脂批，分析其藝術創作與內在結構，同時注意小說中的「兩個世界」（現實與理想）及其間之交涉。在這一余先生設想的紅學新典範中，原典範也會繼續發揮作用，他建議將考證派所抉發的曹家現實世界作為養分，支撐研究者把對小說的分析拉高到理想世界與藝術世界。余先生的批評與主張都十分明確，此後引發的一連串筆戰在此就不必重述了。

　　本書的第二篇文章即是大家熟悉的〈紅樓夢的兩個世界〉，此文可以視為「紅學新典範」的實踐。文章分析了小說中理想世界與現實世界的鮮明對比，突出大觀園作為虛構的青春理想世界的位置，更重要的是通過小說的細節，例如園中的流水，說明理想世界乃建基於最骯髒的現實世界的基礎之上，且最後必回歸於骯髒。余先生認為，這就是《紅樓夢》的悲劇意識的來源。筆者大學時期首次捧讀本書，還不能掌握第一章學術史論述的重要性，但讀到第二章時卻實在如食橄欖，當時的感覺至今記憶如新。

　　以今日之我來看，〈關於紅樓夢的作者和思想問題〉、〈曹雪芹的「漢族認同感」補論〉兩章又別生意趣。余先生是認同《紅樓夢》作者為曹雪芹的，他批駁索隱派對曹雪芹作者身分的質

疑，但是他同時認為，並不因為曹家屬於正白旗的旗人，就可以完全否定曹雪芹有政治上不滿的可能性。他認為，曹雪芹本人非常明白自己雖屬旗籍，實乃漢人，且在文字獄的背景下，非常可能產生一定的「漢族認同感」。因此，某種對明亡的歷史感慨是可能存在的，只是不宜像索隱派那樣以「反清復明」為主軸來理解全書。余先生對這個問題的態度一開始比較含蓄，但在〈補論〉一文中，其實已相當明確的表達支持曹雪芹具有漢族認同感，乃至於哀明情感。這種「情感」的體會，不能不說與索隱派深掘隱語與謎語的技術有相通之處。

本書一開始便說明，建立典範的意思不只是讓後人都跟著腳步前進，而是「開啟無窮的法門」，帶出無數新問題。那麼，《紅樓夢的兩個世界》一書如果是一個成功的典範，自應生發百態枝枒。余英時先生的同輩學者與友人余國藩先生 1997 年出版 *Rereading the Stone: Desire and the Making of Fiction in Dream of the Red Chamber*（中譯本《重讀石頭記：紅樓夢裡的情慾與虛構》，李奭學譯，2004 年），作為文學的研究，這部專書強調《紅樓夢》的虛構性，反對自傳說的限制，著力於詮釋紅樓夢的後設，以提出替代傳統考證派紅學追求歷史真實的解讀。這與余先生嘗試建立的紅學新典範，固自有精神的會通。相對的，像余先生所主張的，歷史真實可以為紅學提供養分，那麼我們在黃一農以新興的「大數據」為方法的一系列研究中，都可以清楚看到由歷史上的事件與物事重新切入詮釋的努力。

如果從本書的角度來看，近年兩種可謂針鋒相對的《紅樓夢》解讀更形有趣。本書增訂本加入的〈曹雪芹的反傳統思想〉一文，

特別就曹雪芹的旗人背景立論，指出原本就注重階級秩序的滿族接受漢人禮法後，更加高度禮教化，以至於滿族宗室與八旗貴族的嚴格禮法更甚於同代的漢族高門。余先生認爲，這才是小說所謂「詩禮簪纓」之家的確切指涉，而不是一般認知下的書香卿相門第。本文對旗人世家的掌握，在歐麗娟近期的研究中有深入的發揮。然而，余先生雖然發現小說文本細節處處透露八旗世家的禮法，且脂批一再以之爲作者炫耀門第之筆，但他卻認爲，作者是寫禮法而反禮法，正是嚴峻禮法的叛徒。這一看法，其實與他對曹雪芹之政治態度的認知互爲參照。不過，同樣留意作者旗人背景的歐麗娟，思考並不相同，大體是朝著由各種文本細節論述《紅樓夢》是一部旗人貴族世家之書的方向發展，自成一說。另一方面，廖咸浩的《紅樓夢》研究雖然拒絕「新索隱派」的標籤，但他的研究確實是「索」其「隱」，力求以不拘泥於原來索隱派「對號入座」的方式，通過文本的層層「隱語」，論述《紅樓夢》的歷史寓言性。廖咸浩的研究基本上懸置作者爲誰的問題，但即使以曹雪芹爲作者，他也有余先生對作者之漢族認同感與哀明情感的看法爲支撐，嘗試達到《紅樓夢的兩個世界》提出之「全書結構性的詮釋」的要求。

詮釋《紅樓夢》的法門無窮，《紅樓夢的兩個世界》有紅學革命之勢，也等待新的革命，這正是本書典範意義之所在。

獨立之精神，自由之思想

王德威

三民書局提供

　　1958年秋天，時為哈佛大學研究生的余英時偶見陳寅恪先生《論再生緣》油印本，讀後撼動不已。陳寅恪是民國時期名滿國際的史學大師，1949年選擇留在中國，自此鐵幕隔閡，海外對他的境遇無從得知。《論再生緣》的出現因此意義非凡。1958年底，香港人生雜誌發表余先生〈陳寅恪先生《論再生緣》書後〉一文，次年六月，香港友聯出版社出版《論再生緣》。自此，余先生展開長達半世紀的陳寅恪研究。

　　余英時先生何以對陳寅恪投注如此之深的研究興趣？香港對余先生個人的學問文章又扮演了何種角色？余先生在論述陳寅恪意義的專文中，認為從傳統中國觀點而言，陳可謂通儒；從西方

啓蒙時代的標準而言，陳近於百科全書派。他指出陳治學脈絡由通而專，經歷三次轉變：先是關注東方學領域的「殊族之文，塞外之史」，繼之以「中古以降民族文化之史」；1949年後轉向「心史」，《論再生緣》與《柳如是別傳》正是此階段的作品。余先生自謂初讀《論再生緣》「引起精神極大的震蕩」。換句話說，晚年陳寅恪的心史觸動了青年余英時的心事。

余先生在回憶錄裡曾詳細交代1949年來港的傳奇經驗。1950年起他入讀香港新亞書院及新亞研究所，師從國學大師錢穆，成爲新亞書院第一屆畢業生。1955年春他得到哈佛燕京學社提供的訪美機會，但台灣當局以其屢次發表推動民主自由的文字，屬於所謂「第三勢力」，拒絕簽發護照。幾經周折，余先生以「無國籍之人」身分得到簽證，終於赴美。無國籍身分以及香港六年所見所思，顯然對他日後的問學之路有決定性影響，而他在陳寅恪《論再生緣》中找到共鳴。《再生緣》爲清中葉彈詞敘事，作者陳端生爲一名不見經傳之女子，陳寅恪卻對此作情有獨鍾。余英時看出其中曲折，認爲陳引譬連類，下筆「實是『興亡遺事』爲主旨，個人感懷審視猶其次爲者矣。」

〈《論再生緣》書後〉發表後，意外招致中國內部注意，包括郭沫若系列論《再生緣》的特定讀法。日後因緣際會，余英時接觸陳寅恪在新中國其他述作如《柳如是別傳》與古典詩作，對其個人遭遇也更有所知，爾後發展出一系列以詩文證史的文章，如〈陳寅恪的學術精神和晚年心境〉、〈文史互證，顯隱交融〉等，並於1984年將多年研究結集爲《陳寅恪晚年詩文釋證》。這些文章引起海內外種種回應，譽之者謂其道盡一代知識分子面對政治

余先生與王德威攝於普林斯頓余宅，2019年9月15日

干預、無所遁逃的心聲，謗之者如官方寫手「馮衣北」則刻意羅織意識形態罪名。無論如何，八十年代後陳寅恪在中國學界重新得到重視，余先生功不可沒，九十年代陸鍵東《陳寅恪的最後二十年》掀起的陳寅恪熱甚至成為世紀末的顯學。

這些論述投射了一個知識界的想像共同體，由「陳寅恪」導出一個余英時先生所謂的「暗碼系統」。經由陳寅恪詩文所形成的鎖碼及解碼過程，我們進入大師極其曲折的內心世界和那個憂患重重的時代。這是個並不穩定的系統。嚴密的文網、隱晦的線索每每導致意義的誤讀與錯失。由此，我們理解歷史作為見證的可能與局限。然而余先生一如既往，以最細緻的考證與推論形成

一種論述。他的努力得到意外回報。1987年陳寅恪先生女公子陳小彭委託港大學者李玉梅教授轉告余先生，「陳老當年於讀過教授〈陳寅恪《論再生緣》書後〉一文後，曾說『作者知我』。」這寥寥「作者知我」四字讓余先生「心中的感動真是莫可言宣…無論我因此遭受到多少誣毀和攻訐，有此一語，我所獲得的報酬都已遠遠超過我所付出的代價了。」所謂靈犀相通，這真是跨越時空的心史了。

余先生自謂專業領域為十八世紀以前中國的社會與思想。另一方面他對現當代政治變動的關懷未嘗或已。陳寅恪的「不古不今」之學為他提供了一種方法寫照。他論古人種種，從《朱熹的歷史世界》、《方以智晚節考》、《論戴震與章學誠》不乏以古鑑今的心意，而他論胡適、吳宓，論陳寅恪等著又何嘗沒有尚友古人的意圖。他認為：

更重要的是通過陳寅恪，我進入了古人思想、情感、價值、意欲等交織而成的精神世界，因而於中國文化傳統及其流變獲得了較親切的認識。這使我真正理解到歷史研究並不是從史料中搜尋字面的證據以證成一己的假說，而是運用一切可能的方式，在已凝固的文字中，窺測當時曾貫注於其間的生命躍動，包括個體的和集體的。

這大概是余先生以最直白的方式，解釋他自己治學的「暗碼系統」吧。歷史不是斷爛朝報的排列，不是數據資料的分析，而是從透過已經凝固的過去，重新點燃個體與集體生命的躍動。其

實這正是古典以意逆志、知人論世方法的現代實踐。透過「陳寅恪」，余先生心嚮往之的知識分子的精神世界又是什麼？那應該是「獨立之精神，自由之思想」。

眾所周知，1929 年陳寅恪〈海寧王靜安先生紀念碑銘〉寫道：「士之讀書治學，蓋將以脫心志於俗諦之桎梏，真理因得以發揚。思想而不自由，毋寧死耳……先生以一死見其獨立自由之意志，非所論於一人之恩怨，一姓之興亡……惟此獨立之精神，自由之思想，歷千萬祀，與天壤而同久，共三光而永光。」五十年代陳寅恪至少三次提及此論。《論再生緣》及《柳如是別傳》裡，他不厭其詳的稱讚陳端生、柳如是思想的「自由，自尊，獨立」。更耐人深思的是，1953 年 11 月，陳寅恪以〈對科學院的答復〉一文回覆北大教授汪籛勸其出任中科院中古研究所所長，文中提及：

> 我的思想，我的主張，完全見於我所寫的〈王國維紀念碑中〉……對於獨立精神，自由思想，我認為是最重要的。所以我說，「惟此獨立之精神，自由之思想，歷千萬祀，與天壤而同久，共三光而永光。」……獨立精神和自由意志是必須爭的，且須以生死力爭……一切都是小事，惟此是大事。

汪籛曾是陳寅恪最器重的學生，因為政治選擇，兩人分道揚鑣。我們不難想像陳汪會面的場景，以及陳以王國維為例所作的立場陳述：「獨立精神和自由意志是必須爭的，且須以生死力爭。」

余先生顯然感受到，正因為陳寅恪是歷史學者，對千百年治

1969年余先生（左）與陳大瑞先生在美國明德學院（Middlebury College）演出京劇《二進宮》。余先生飾楊波（老生）

亂興亡的流變有著無比敏銳的理解與感悟，在改朝換代的關鍵時刻，他有了不能已於言者的警醒。識者有謂陳寅恪是文化保守主義者，新中國裡的落伍分子。然而他的「不識時務」何嘗不帶有深思熟慮的複雜性？相較於那些走在時代尖端的進步學者，他更體現一種絕不隨俗的，反現代的「現代」感。呼應陳寅恪，余先生暗示在新時代的開始，歷史未必不證自明；恰恰相反，歷史千絲萬縷，需要我們不斷進入那繁複的脈絡裡抽絲剝繭。所謂現代未必僅由革命、啓蒙的直線行動所完成，而可能是無數因緣際會，幸與不幸的撞擊結果。

1958年，二十八歲的余英時正準備進入歷史學領域。他在哈佛偶讀陳寅恪的《論再生緣》，從而理解治史可以有各種方法，治史的目的也不僅止於一家一姓、開國亡國的記述或評斷；歷史更是一種面對文明絕續的觸動，一種有限的個人面對無窮時間的掙扎省思。作為一個「無國籍之人」，余英時彷彿體會到陳寅恪在世變之後，那種無地徬徨的沉痛，但他明白陳的感觸哪裡是為了國家政權的興替？他想起「顧亭林曾有亡國與亡天下之辨，用現代的話說，即是國家與文化之間的區別。我已失去國家，現在又知道即將失去文化，這是我讀《論再生緣》所觸發的一種最深刻的失落感。」

然而陳寅恪的文字又彷彿透露一種桀驁執拗的力量，督促青年余英時知其不可為而為之。陳寅恪當年輓王國維的詞句讓他感同身受：「蓋今日之赤縣神州值數千年未有之巨劫奇變；劫盡變窮，則此文化精神所凝聚之人，安得不與之共命而同盡？」脫離國家政權的羈絆，他反而發現更廣闊的的天下，義無反顧，為所當為。

從1958年的〈陳寅恪《論再生緣》書後〉到2010年《陳寅恪晚年詩文釋證》新版長序〈陳寅恪研究的反思和展望〉，時間超過半世紀。在這漫長的時日中，余先生對中國史學作出驚人貢獻，與此同時，他不吝對當代大陸和台灣的公共議題表示立場，甚至身體力行。天安門事件後他決定不履故土，擇善固執，文化與政治原是一體之兩面。

余先生對陳寅恪這一議題頻頻回首，《陳寅恪晚年詩文釋證》前後序言即有五篇之多。在1997年版的〈書成自述〉中他寫下：

我不否認我對此書有一種情感上的偏向。因為它已不是外在於我的一個客觀存在，而是我的生命中一個有機部份。它不但涉及歷史的陳跡，而且也涉及現實的人生，不但是知識的追求，而且更是價值的抉擇。此書不是我的著作，然而已經變成我的自傳之一章。

　　這不僅僅是向前輩大師致敬而已，更是延續了一種精神譜系。這一譜系包括了陳寅恪、王國維、顧頡剛、吳宓，包括陳端生、戴震、章學誠、柳如是、方以智、陳子龍、錢謙益、顧亭林，甚至可以上溯朱熹的歷史世界。而「獨立之精神，自由之思想」正是余、陳兩代學者相互交接的「暗碼」，是我們進入余先生學術與精神世界的關鍵——一種薪火相傳、生生不息的「再生緣」。

　　＊本文引文多出自《陳寅恪晚年詩文釋證》（2016年版），不另註解。

五四與反五四的「內在融合」：
余英時先生的胡適研究

黃克武

聯經出版公司提供

「講胡適的人很多，我講的是不一樣的」。余英時，《余英時談話錄》，頁209。

一、前言

我從1975年進入台師大歷史系之後開始接觸到余英時先生的作品，最早是看他的《歷史與思想》（1976），《論戴震與章學誠：清代中期學術思想史研究》（1977），《從價值系統看中國文化的現代意義：中國文化與現代生活總論》（1984）等書；我還寫過一篇小文章，討論余先生〈《史學評論》代發刊辭〉在史學

發展上的意義（1984）。[1] 慢慢地我變成了余先生的粉絲，喜歡讀他的書與聽他的演講。周言在他的《余英時傳》中曾引用我的話，說我那個時候讀歷史系的學生「大多經歷過英雄崇拜的時代，最崇拜的是：梁啓超、胡適、余英時」。[2]

我記得1980年代余先生有一次在演講中提到讀書的方法。這一番話對我深有啓發。他說：爲學要有宗旨，讀書首先要「築基」，亦即「建立學術基地」，等到基地穩固之後再逐漸向外「攻城掠地」。[3] 我想這一定是余先生的親身體會、深造自得之言。余先生學問淵博、兼通中西，乃眾所周知之事，然而如果我們要問余先生的「學問基地」爲何，我猜測他可能會回答：胡適與錢穆。我認爲余先生的一個理想是要結合二人之長而青出於藍。余先生是「在所謂兩個陣營中間成長，一個主張中國文化，一個主張西方文化」。[4] 用他曾提到的一個禪宗典故來說，對於胡適與錢穆，余先生均是「半肯半不肯」。[5] 他在傳統學問方面受到錢先生影響很大，卻勇於批評傳統之缺失（如「反智論」），亦警覺到文化保

1　黃克武，〈一個新的典範：《史學評論》代發刊辭的再反省〉，《史學評論》，期8（1984），頁153-168。亦收入黃克武，《反思現代：近代中國歷史書寫之重構》（成都：四川人民出版社，2021），頁106-124。

2　周言，《余英時傳》（台北：INK印刻文學生活雜誌，2021），頁288。

3　余先生在〈怎樣讀中國書〉一文也談到此一想法，他說「精讀的書給我們建立了作學問的基地；有了基地，我們才能擴展，這就是博覽了」。余英時，《錢穆與中國文化》（上海：上海遠東出版社，1994），頁311。

4　余英時口述，李懷宇整理，《余英時談話錄》（台北：允晨文化。2021），頁248。

5　余英時，《中國近代思想史上的胡適》（台北：聯經出版公司，1984），頁54，引禪宗的故事。

守主義與民族主義「激情相結合」的危險性；[6]在政治與文化視野上他則深深受到胡適所代表的五四新文化運動的啓迪，亦瞭解到胡適的「缺點」。[7]我認爲余先先在對「五四」的重新詮釋之中，找到兩者的結合點，亦即：

「五四」時期的所謂「新文化運動」，其核心問題是怎樣接受西方現代的若干中心觀念和價值，使之與中國傳統文化互相溝通，最後引導出中國的全面現代化，但仍不喪失原有文化的認同（這個想法最早已見於1917年胡適英文博士論文〈先秦名學史〉"The Development of the Logic Method in Ancient China" 的序言）。[8]

余先生後來又進一步說明胡適的博士論文之中所反映出他對中、西文化的看法：

一九二二年，他【胡適】爲博士論文加寫的 "Logic and Philosophy"（邏輯和哲學）一節中，他特別討論到接受現代西方新文明對中國固有文明的影響問題。他認爲：如果因接受西方文明而導致中國固有文明的消逝，則是全人類的重大損失。所以問題是如何使新舊文明銜接，最後達到融化爲一的境界。……即不

6　《余英時談話錄》，頁261。

7　《余英時談話錄》，頁175。

8　余英時，《余英時回憶錄》（台北：允晨文化，2018），頁35。

能片面地引進歐、美思想體系，而是怎麼使西方現代思想與中國本土的思想走向「內在融合」（"internal assimilation"）……中國哲學的前途便在於新舊融合後，先秦諸子思想的「復活」（"revival"）。[9]

其實這不僅是胡適的想法，也是從嚴復、梁啓超到五四以來自由主義知識分子的共識。[10]這也是我曾經提過的一個觀點，中國的啓蒙不單純是胡適所代表的五四的批判、反傳統精神，也不單純是錢穆與其他的新儒家肯定傳統的反五四的想法，而是兩者的對話。[11]這與余先生在上文中所說的「內在融合」有類似之處。

在這一篇文章中我想從這個角度談談余先生的胡適研究。

二、余英時與胡適的接觸

根據《余英時回憶錄》所述，因為父親余協中與胡適是朋友。（案：1928年余協中曾寫過一封信給胡適，信中自稱「同學」）[12]余先生大約在十一、二歲時通過胡適的詩與書法開始認識胡適，

9　《余英時談話錄》，頁265。

10　參見黃克武，《一個被放棄的選擇：梁啟超調適思想之研究》（台北：中研院近史所，2006）、Max K. W. Huang, *The Meaning of Freedom: Yan Fu and the Origins of Chinese Liberalism*（Hong Kong: The Chinese University Press, 2008）.

11　黃克武，〈意識形態與學術思想的糾結：1950年代港台朝野的五四論述〉，《思想史》，期9（2019），頁217-264。

12　《余協中致胡適函》（1928年7月25日），中央研究院近代史研究所胡適紀念館藏，北京檔案藏號：HS-JDSHSC-1358-009。余協中為燕京大學歷史系畢業，嚴格來說兩人並非同學。

七十餘年之後，他對幼年所見出自《墨子》「景不徙」的胡適手書條幅仍能朗朗上口。[13] 他注意到胡適書法中「文人」氣，而且有趣的是余先生不那麼欣賞《嘗試集》中的白話詩，反而比較喜歡他的舊體詩（余先生亦喜作舊體詩）。大概到十五、六歲之後，他因爲閱讀梁啓超與胡適的作品（如《胡適文存》）而認識白話文的起源與「種下愛好中國思想史的根苗」。[14]

　　1950年余先生到香港之後，投入錢穆先生的門下，學術研究的興趣確定爲中國古代史。此後一直到他完成博士學業、從事專業的研究與教學工作，他的主要領域都是中國古代文化、思想史，尤其是知識階層方面的研究。這一種研究方向的選擇主要受到錢穆以及他在哈佛大學的老師楊聯陞（胡適的學生）的影響。他曾說：「楊先生是塑造我個人的學術生命的另一位宗匠」、「楊先生既淵博又嚴謹，我每立一說，楊先生必能從四面八方來攻我的隙漏，使我受益無窮。因此我逐漸養成了不敢妄語的習慣，偶有論述，自己一定盡可能地先挑毛病」。[15] 從《楊聯陞日記》可以看到，在1958-1962年間，楊聯陞一方面與胡適密切聯繫、長期論學（亦參見《論學談詩二十年：胡適楊聯陞往來書札》，台北：

13　周質平，〈自由主義的薪傳：從胡適到余英時〉，收入林載爵主編，《如沐春風：余英時教授的爲學與處世——余英時教授九秩壽慶文集》（台北：聯經出版公司，2019），頁182。

14　《余英時談話錄》，頁27、94、67。

15　余英時，〈中國文化的海外媒介〉，《猶記風吹水上鱗：錢穆與現代中國學術》（台北：三民書局，1991），頁169。余先生對楊聯陞的印象與墨子刻（Thomas A. Metzger）先生類似。墨先生曾告訴我，他曾問楊聯陞一個問題，楊先生回說「你連這個也不知道！」後來墨先生在做學問時非常謹慎、小心，深怕再被老師說「你連這個也不知道！」這也使他培養出一種不敢亂下妄語的習慣。

聯經出版公司，1998），另一方面又細心指導余英時撰寫論文，「胡適—楊聯陞」到余先生之間有一條清楚的學術傳承，亦即從訓詁考證接上現代史學。[16] 從這個角度來看，余先生在哈佛時期受到的訓練也可以說是間接地受到胡適的影響。不過值得注意的是1959年中央研究院院士選舉，楊聯陞在胡適的支持下順利當選，而同年錢穆亦被提名，1959年2月23日的「院士第三組提名人審查會」中，錢穆卻因只得到一票而遭淘汰，他在1968年，胡適死後多年才當選院士。[17] 由此可以窺知胡、錢之間有很深的矛盾，這也是反傳統與肯定傳統之爭，而此一矛盾可能在余先生的身上才得以化解。

余先生與胡適之間沒有太多直接的接觸。胡適對他的認識不多，日記之中曾經記載1958年1月16日，余協中到紐約訪問胡適，提到他有一個「了不得的聰明」的兒子，前途未可限量（余先生說這是「父親給兒子吹牛的，不能算」）。[18] 接著胡適卻說先天的聰明必須配合後天的努力，才能有成就。他寫到：「凡在歷史上有學術上大貢獻的人，都是有兔子的天才，加上烏龜的功力。如朱子，如顧亭林，如戴東原，如錢大昕，皆是這樣的，單靠天才，是不夠的。」[19] 這是胡適對余先生唯一的論斷。以余先生的成

---

16 周言，〈楊聯陞日記中的余英時〉，收入周言，《余英時傳》（台北：INK印刻文學，2021），頁436-447。

17 翟志成，〈錢穆的院士之路〉，《中央研究院近代史研究所集刊》，期103（2019年3月），頁91-126。

18 《余英時談話錄》，頁244。

19 胡適，《胡適日記全集》（台北：聯經出版公司，2004），冊9，頁333。

就而言，應該是符合胡適期許的。

　　兩人之間另外一個接觸點是余先生在1956年去美國留學之後，曾經寫過一封信給胡適。從這一封信函可以瞭解他對胡適的仰慕之意。這一封信現藏中研院近史所胡適紀念館的檔案之中，是一封沒有署名的殘件，為陳通造先生（筆名若望）發掘出來，並做出深入而精彩的分析。信中寫道：

> 久仰風采，深以無緣識荊為恨。晚原籍安徽潛山，家嚴協中先生曩歲嘗與先生有數面之雅。晚幼習父業……從錢賓四先生治國史……往歲中共第一次清算先生思想時，晚不揣淺陋，曾以艾群筆名撰為〈胡適思想的新意義〉一文，介紹先生歷年來所倡導之自由主義。前年在台講學，晚嘗托雷儆寰先生轉贈拙作一冊，未知得達左右否。晚因服膺民主，歷年文字均針對此義有所發揮……。[20]

　　根據陳氏的考察，1954年初胡適返台參加國民大會時，余英時將他剛在香港出版的《民主革命論》（香港：自由出版社，1953年10月）寄了一本到台北《自由中國》雜誌社，然後由雷震交到胡適手中。後來胡適離美返台之前將此書捐給他曾供職的普林斯頓葛斯德東方圖書館（Gest Oriental Library）。該書上面有余先生簽名及「一九五四，三，廿六」的日期。同時，書中夾了一張雷震給胡適的便箋，上書「適之先生：送上香港寄來書一冊，

---

20 艾群（余英時），〈胡適思想的新意義〉，刊《自由陣線》，卷8期11（1952），頁5-7。

敬祈詧收。肅此道安 弟雷震上四三，三，廿九」。[21] 很可惜在雷的日記中沒有提到此事。很顯然胡適對這位自稱錢穆弟子的仰慕者沒有什麼印象，也沒有回信致謝。

誠如陳氏的分析，余先生對未曾謀面與未得回信並不在意。反而畢生致力於研究與發揚胡適思想。這正如該文題目所標示的：「今生未見應無恨，來世相知自有緣」，他並斷言胡適對余先生的決定性影響：「胡適在國共內戰後期談自由主義，談眼前世界文化趨向的演講透過廣播和文字，啓發了一個青年人，讓他在1950年乾坤一線之間選擇留在了香港……」，「我們甚至可以借用他談顧頡剛時用到的詞彙：余英時的一瓣心香，本來就在胡不在錢」。[22] 不過即使如此，我們還是不能忽略余先生與錢先生的學術與情感上的聯繫是遠遠超過胡適的。陳通造所謂「在胡不在錢」的論斷主要是指余先生通過胡適研究所闡發的自由民主思想。

三、余英時的胡適研究

余先生對胡適感興趣的原因是他想了解從「傳統中國」到

---

21 周質平，〈自由主義的薪傳：從胡適到余英時〉，收入林載爵主編，《如沐春風：余英時教授的為學與處世──余英時教授九秩壽慶文集》，頁180。「四三」指民國43年，為1954年。

22 《余英時致胡適函》（1956年），中央研究院近代史研究所胡適紀念館藏，美國檔案館藏號：HS-US01-008-032。見若望（陳通造），〈今生未見應無恨，後世相知自有緣──記余英時致胡適的一封信〉，網路資源：https://matters.news/@LittleJohnny/今生未見應無恨-後世相知自有緣-記余英時致胡適的一封信-zdpuAtcrpiX1RwQCk9whuazSLaMuHT2CkRrJJjoSDbVUxgAV4（讀取時間：2021年12月13日）。

「現代中國」的轉變，「從傳統到現代的過程中有什麼困難，有什麼特殊問題？」、「中國和西方接觸之後，對於西方價值怎麼消化，抵制、吸收？」[23]

具體而言，余先生的胡適研究與聯經出版公司所出版的胡適史料有密切的關係。他的第一部著作是〈中國近代思想史上的胡適——《胡適之先生年譜長編初稿》序〉，刊於《聯合報》，1983年5月4-14日，後來聯經出版爲一本專書，亦收入《重尋胡適歷程》（下詳）。此文從孔恩（Thomas S. Kuhn）「典範轉移」的角度說明胡適返國之時正處於清末民初舊典範結束、新典範未建立的空窗期，余先生指出：

在五四運動的前夕，一般知識分子正在迫切地需要對中西文化問題有進一步的認識，他們渴望能突破「中體西用」的舊格局。然而當時學術思想界的幾位中心人物已沒有人能發揮指導的作用。這一大片思想上的空白正等待著繼起者來填補，而胡適便恰好在這個「關鍵性的時刻」出現了。[24]

胡適所提倡的「文學革命」與以西方的方法研究傳統學問的「整理國故」運動成爲一個新的研究典範，立下了「開風氣」的大功。這本書的貢獻是從思想史的角度解釋胡適返國之後之所以「暴得大名」的原因。

23《余英時談話錄》，頁208。

24 余英時，《中國近代思想史上的胡適》，頁15。

這一作品與李敖在六〇年代所寫的〈播種者胡適〉（1962）、《胡適評傳》（1964）等文可做一比較。[25] 李、余兩人可謂在二十世紀下半葉以來推廣胡適的頭號鐵粉。[26] 李敖與胡適有密切的聯繫，李敖的父親李鼎彝是胡適在北大中文系的學生，他則自認與胡適乃「生平知己」、「比胡適之還了解胡適之」，「在他生前死後，做了比任何人都識其大者的事」。[27] 余先生則是「平生未見胡適之」；余先生又說，「我和適之先生從無一面之雅，因此在情感上也產生不了『譽』或『謗』的傾向」。[28] 誠如李敖所述，有關胡適的一切著作，不過兩類：一類是近於酷評的，一類是過度頌揚的。兩類共有的毛病，是不能用嚴格的方法訓練去接觸史料、解釋史料。[29] 李、胡的著作則避免上述的缺點，以紮實的史料作公允的評價，同時注意到胡先生的成就與限制。而且兩人都強調胡適的主要貢獻不在學術研究（如《水經注》），而在思想啟蒙，亦即播下自由民主的種子。略有不同的是李著結合文學與歷史，而較偏向生平經歷的介紹（至1910年為止，後來未能繼續）；而余著則偏

25　李敖，〈播種者胡適〉，刊《文星雜誌》，期51（1962年1月），頁3-7。李敖，《胡適評傳》（台北：遠景出版社，1979）。

26　余先生與李敖之間應該沒有直接的聯繫，也極少提及李敖。《余英時談話錄》中有一處隱約提及李敖，他說「文化激進派」，「最初以殷海光為主將，以《自由中國》為基地，後來又由《文星》雜誌的一群更年輕的作者繼承了下來。這些人只是『接著』而不是『照著』胡適講的，他們痛詆中國文化，提倡『全盤西化』，在當時很有影響」（頁258）。李敖則批判余先生為「國民黨文人」、「『中華民國』未亡人」，見周言，《余英時傳》，頁388引李敖在《大江大海騙了你》（台北：李敖出版社，2011），頁137-138的話。

27　李敖，〈《胡適與我》自序〉，《李敖大全集18》（台北：榮泉文化，1999），頁2。

28　余英時，《中國近代思想史上的胡適》，頁6。

29　李敖，〈關於《胡適評傳》〉，《胡適評傳》（台北：遠景出版社，1979），頁2。

重思想史的解析，並說明胡適思想的限制在於：他的科學方法沒有一個「具體綱領」或「萬靈藥方」，無法「滿足一個劇變社會對於『改變世界』的急迫要求」。[30] 李敖與余先生最大的差異是李敖強調胡適批判傳統的一面；余先生則認爲胡適有融通、調和中西的想法。

余先生另一部著作，《重尋胡適歷程》（2004年初版、2014年增訂），其中包括〈從《日記》看胡適的一生〉，則是與聯經所出版的《胡適日記全集》有密切的關係，爲該書的序。[31]《重尋胡適歷程》雖爲論文集而非專著，然勝義繽紛，是胡適研究的重要突破。余先生說此書之主旨在瞭解胡適與那個時代：「想把日記中某些重要的東西提出來……主要是要人家瞭解，並不是要宣揚他……消除人家過去某些誤會的東西，或者是讓人家看見過去看不到的東西」。[32] 此外他在《余英時談話錄》之中也有一些地方談到他對胡適的看法。[33] 余先生的主要看法如下：

1. 他深入挖掘一手史料，將日記與書信等材料配合，並做細膩考證，能從細節中反映重要的人際關係與思想變化。余先生在解讀胡適日記時尤其表現出高超的「史家的技藝」。

30 余英時，《中國近代思想史上的胡適》，頁68。

31 余英時，〈從《日記》看胡適的一生〉，爲《胡適日記全集》（台北：聯經出版公司，2004）一書的序，收入余英時，《重尋胡適歷程：胡適生平思想與再認識（增訂版）》（台北：聯經出版公司，2014），頁1-164。聯經出版的《胡適日記全集》是胡適日記首度完整問世。

32 《余英時談話錄》，頁245。

33 主要在《余英時談話錄》，頁243-268。

例如胡適在撰寫日記時，有些關鍵的部份是利用縮寫、簡稱或隱語來表達，余先生在〈從《日記》看胡適的一生〉一文，利用胡適日記原稿中塗抹掉的一段話（「他談Robby事，頗耐尋味」），撥雲霧、見青天，考證出胡適與兩位美國女士羅慰慈與哈德門之間的複雜情愫。[34] 余先生又在《北京大學圖書館藏胡適未刊書信日記中》（北京：清華大學出版社，2003）發現了「一條絕妙的證據」，這是一封在1938年7月7日「小孩子」（胡適對羅慰慈的暱稱）給胡適（「老頭子」）的電報，內容是「今天收到轉來的信。想念『老頭子』到了令人不能相信的地步。即返紐約。愛。『小孩子』」。余先生深入剖析電報的內容，讓我們對此一情緣，與胡適在1937年7月12日的日記所記有完整的認識：「Robby開車與我去遊Henry Hudson Parkway，到Arrowhead Inn吃夜飯，月正圓，此是赫貞江上第二回之相思也」。余先生更將此一電報的內容與1941年胡適所寫的詩〈無題〉貫穿在一起，「電報尾上他加了一個字，我看了百分高興……我要細細的想想他，因為他那個字是『愛』」。這幾個例子可以顯示余先生在史料發掘與解析上的功力。[35]

---

34 余英時，〈從《日記》看胡適的一生〉，《重尋胡適歷程：胡適生平思想與再認識（增訂版）》，頁86。

35 余先生有關「老頭子」與「小孩子」的解析是因為看到傅建中在2004年6月2日在《中國時報・人間副刊》上撰寫了〈胡適和R.L.一段情緣----響應余英時先生的「大膽假設」〉，對兩人的情緣作了小心求證。傅建中從兩人通信中發現胡適自稱「老頭子」，而稱羅慰慈「小孩子」。

2. 余先生利用日記指出了胡適一生的分期與重要轉折，並將個人的生命歷程與中國現代史關聯在一起。例如，在第一個留學時期，余先生說明了這七年是他的「精神準備」時期，此一時期與中國思想界的「新探索」恰好重疊，使胡適能在返國之後得到重視。其次，余先生透過胡適的英文信件，說明他從康乃爾大學轉到哥倫比亞大學的原因是因為「外務太多」而申請塞基獎學金失敗，才使他「抱著破釜沉舟的決心轉學到哥大」。[36]再其次，余先生則解釋了爭論多時的「博士學位問題」與胡適的「哲學造詣問題」。他斷定學位問題除了「論文緩繳」而延遲十年之外，別無可疑；[37]同時他在美國最後三、四年受到的哲學訓練「已經達到了當時的一般水準，足夠他研究中國哲學史之用」。經過余先生的說明，這兩個胡適生平的重要爭議已得到充分的解答。第二個例子我想舉1949-1962的「落日餘暉」階段，余先生斷定此時他在美國住了九年（1949-1958），「然而他的真正關懷卻在台灣」，他相信「只有台灣成為名副其實的『自由中國』之後，民主自由才有可能推廣到整個中國」。他認為胡適此時期之日記環繞著三條線索，一是憲政法統的延續、一是言論自由的爭取、一是維護學術的獨立。余先生斷言，胡適在反對蔣介石「三連任」、反

---

36 余英時，〈胡適「博士學位」案的最後判決〉，《重尋胡適歷程：胡適生平思想與再認識（增訂版）》，頁313。

37 參見余英時，〈胡適「博士學位」案的最後判決〉，《重尋胡適歷程：胡適生平思想與再認識（增訂版）》，頁313-320。

對修憲，以及雷震案上「做了嚴肅的努力」。[38] 余先生對《自由中國》事件中胡適所扮演的角色有一個與眾不同的論斷，他說「當時許多人對胡適也不滿意，認為胡適軟弱。從胡適的日記看，我認為他當時不能算軟弱。認為胡適軟弱，現在幾乎是定論了，但是我認為這對胡適講是非常不公平的」。「我不認為對胡適的譴責是正確的，這樣的譴責實際上是很不合理的要求」。「許多人希望胡適跟蔣介石翻臉，他們自己做不到就希望靠胡適來做，那是一個情緒的發洩問題。大家要求太高。要求胡適一個人把所有擔子承擔起來」。[39] 余先生的看法與拙著在《胡適的頓挫》一書的觀點十分類似。[40]

3. 對胡適有關中西文化的問題做出重要論斷：余先生認為胡適有兩個學術生命，一個在美國，以英文來發表；一個在中國，以中文來發表，研究者必須同時注意這兩方面，才能了解胡適的思想內涵。胡適用中文寫作時傾向於嚴屬批判傳統。余先生說這是因為「胡適用中文寫作時，心中永遠存著一個很大的顧忌，他唯恐一讚揚中國傳統中的優點，便會為守舊的人所利用，妨礙了他推動『現代化』的努力」。胡適在英文著作之中，則沒有這一顧忌，他對中

---

38 余英時，〈從《日記》看胡適的一生〉，《重尋胡適歷程：胡適生平思想與再認識（增訂版）》，頁147。

39 《余英時談話錄》，頁170-172。

40 黃克武，《胡適的頓挫：自由與威權衝撞下的政治抉擇》（台北：台灣商務印書館，2021）。

國某些文化傳統抱持著十分肯定的態度。余先生引用胡適在1941年所寫的 "Historical Foundations for a Democratic China"，文中指出中國文化之中有三點特徵，提供了接引民主的歷史基礎。第一是比較平等的社會結構。第二是具有選賢任能的客觀制度。第三是御史與諫議制度，對於皇帝與官僚系統發揮了反對與監察的功能。在1951年所發表的 "The Natural Law in the Chinese Tradition" 認為儒家的「天」、「理」、「道」等與西方的自然法則、自然權利有相似的功能，可以和皇帝的權勢相對抗。胡適在英文論著之中對傳統的肯定是他一貫的看法。這一特點透露出胡適並非全盤否定傳統，也不是全盤接受西方。對他來說，中國當代的挑戰是在審慎「取捨」之後，使新舊文明銜接，在新舊融合之中實現中國的現代化。[41]

在《余英時訪談錄》中，余先生指出：歷史研究要懂得人性、對人的複雜性有所認識。「我覺得理論沒有那麼重要。研究歷史不是光靠理論了，要知道人的複雜性……要慢慢看到實際的厲害、人事、私人考慮、各種動機」。「真正懂歷史，要懂得具體的人，具體的事情，具體的結構。」[42]余先生的胡適研究顯示此一觀點的具體實踐。

最後我要指出的是胡適研究對余先生來說不只是學術研究的

---

41 《余英時談話錄》，頁262-268。

42 《余英時談話錄》，頁60-61。

對象，也對余先生的政治與文化傾向產生重要的影響。他畢生反對中共體制，支持六四學運、支持香港反送中、肯定台灣的民主化，堅持自由、民主與人權等等均源於此。總之，他不僅對中國文化具有「溫情與敬意」（錢穆語），更希望在此基礎上接引西方的民主與科學，實現五四未竟之夢想。這是余先生胡適研究立意之所在。

四、結論

有不少人表示他們是透過余英時的胡適研究來瞭解胡適的。在這些人眼裡，余先生不但是胡適的「替人」（梁實秋曾撰〈但恨不見替人〉悼念老友），也可以說是胡適的「化身」。[43] 誠如余先生的自我描述，他的胡適研究有其特色，「講的是不一樣的」。筆者認為余先生胡適研究的特點在於：

一、客觀重建歷史事實，以確切的史料將胡適的生平經歷與公私生活結合，努力使之比較接近本來的面目，還原一個真實的胡適。至於「毀」、「譽」可留給讀者自行判斷。

二、學術研究方面余先生認為胡適有開風氣之功：他對胡適白話文、以科學方法研究文學史與哲學史，以及〈原

---

43 這是周質平的觀點，認為余先生「多少有點以胡適的後繼者自任」，周質平，〈自由主義的薪傳：從胡適到余英時〉，收入林載爵主編，《如沐春風：余英時教授的為學與處世——余英時教授九秩壽慶文集》，頁172、184。梁實秋，〈但恨不見替人〉一文刊於《文星雜誌》，期53（1962年3月）的「追思胡適之先生專號」。

儒〉、禪宗史等較為肯定，認為其他的地方成就有限，且均已被後人所超越。他尤其是少談胡適有關《水經注》的考證。

三、在文化方面，余先生肯定胡適所提出的結合中西的理想。

四、在政治思想上，余先生大力讚揚胡適「提倡現代價值」。他在胡適百歲的紀念文字〈胡適與中國的民主運動〉一文，強調胡適思想對當代中國社會的意義在「民主，自由，人權」的提倡。同時，他也認為胡適重要的貢獻之一是「創造了現代中國的公共輿論」。[44] 在具體實踐上，余先生認為胡適畢生堅持自由民主，在威權之下盡力顧全大局，有所承擔，並反駁「軟弱說」。

如果我們將余先生的觀點與李敖的胡適研究相比，有以下的異同：

首先兩人在第一、二、四點之上有相似之處，有關一、二兩點上文已有所闡述。至於第四點肯定自由民主思想與抗議精神，李敖無疑是認同的，只是他覺得胡適做得不夠，面對權勢時不夠強硬。李敖說在蔣氏「三連任」之時，「胡適不做媚俗之言上，比錢穆有立場得多了。當然在我眼中，胡適顯然做得不夠，他不

---

44 周質平，〈自由主義的薪傳：從胡適到余英時〉，收入林載爵主編，《如沐春風：余英時教授的為學與處世──余英時教授九秩壽慶文集》，頁 173-175。

想同蔣介石搞翻，所以雖有立場，也要委蛇，這是很令人嘆息的」、「胡適晚年一籌莫展，有點鬼混」。[45]

　　至於第三點文化方面，兩人看法很不相同。李敖對錢穆等反五四的想法加以大力的批判。換言之，在李敖的身上沒有余先生繼承自錢穆的「反五四」的因子，更沒有五四與反五四的「內在融通」。李敖肯定的是胡適批判的、反傳統的一面。對他來說，錢穆等文化保守主義者一方面維護一個僵死、落伍的文明，另一方面又向權力投降，他所撰寫的〈蔣介石和錢穆之間的一些臭史〉、〈從蔣介石非法連任看錢穆與胡適〉等文，認為錢「一身媚骨，全無大儒風範」，充分表現他批判錢穆的立場。從此一觀點出發，李敖才會批余為「錢穆的學生、國民黨文人」、「是拍蔣介石兒子馬屁的諂媚學人」。[46]

　　總之，李、余分別代表台灣當代的兩種五四傳承。李敖先生繼承此一傳承中反傳統、批判權威的一面，他畢生以俠義精神為底層人民發聲，進而投身政治，促進台灣民主化；余先生則融通五四與反五四之精神，宣揚普世性的現代價值，以導引中國的現代化，又開創思想文化新天地，引發後代投身歷史文化的研究。在他們兩人身上，可以看到胡適精神的繼承與發揚。他們的共同

---

45 李敖，〈從蔣介石非法連任看錢穆與胡適〉，收入《李敖大全集18》，頁274。李敖，《大江大海騙了你》，頁144。

46 李敖，〈蔣介石和錢穆之間的一些臭史〉，收入《蔣介石研究》（台北：天元圖書公司，1986），頁273-292。李敖，〈從蔣介石非法連任看錢穆與胡適〉，《李敖大全集18》，頁265-274。

點是強烈的「中國情懷」，並追尋「中國往何處去」，然弔詭的是在台灣民主化的發展之下，五四精神的發揚卻導致中國情懷的消逝，這可能源自是五四精神內在所蘊含的愛國和民主、科學之間的一個矛盾，然而這或許不是秉持「文化中國」、認為「我在哪裡，中國就在哪裡」的余先生所樂見的。

魂入世間：價值的呼喚

黃冠閔

在余英時的專業史學著作之外，有關中國文化的價值觀、價值危機則是他的一貫關注點，此一思考也成為其學術著作的引導線索，不論是士（知識人）的地位、天人關係、生死觀、儒學的角色等都是在此一脈絡下展開論述。相關主題更回饋到專門著作中，如《中國知識階層史論》、《東漢生死觀》、《論天人之際》等等。若以司馬遷的史家抱負來對照，余英時確實循著「究天人之際，通古今之變，成一家之言」的方向立身於當代史學界，成為學術標竿。

從余英時在1984年的一篇演講集《從價值系統看中國文化的現代意義》來觀察，確實可以由小見大，在濃縮版的小書中，窺見其學術志業。此一演講錄除了以小冊專書呈現，也陸續收在《中國思想傳統的現代詮釋》（1999）、《知識人與中國文化的價值》（2007）之中。就出版痕跡而言，即使時隔二十餘年，其代表性仍舊不減；同時，當此文連結〈中國現代價值觀念的變遷〉（同時收於《中國思想傳統的現代詮釋》）時，又可通向《現代儒

學論》（1996），呈現出余英時關於「價值荒原」、「儒家幽靈」、「儒家游魂」的思考。雖然余英時所論廣及儒家、道家、墨家等等，也常引用禪師作品，但無疑地，在價值系統或中國現代價值的論述中，最具關鍵的便是：儒家價值在中國文化的現代生活中失去主導地位。

　　以通古今之變而言，價值系統的論述便落在巨大的斷裂上。余英時強調中國文化的價值系統有其獨特性，屬於「內向超越（inward transcendence）」（舊版作「內在超越」，但《知識人與中國文化的價值》改稱，並於〈軸心突破與禮樂傳統〉的前言中說明「內在超越」[immanent transcendence] 為西方神學觀念），藉以對比於西方自希臘理性傳統以及希伯來信仰傳統的「外在超越」（此一術語沿用至2014年的《論天人之際》才改為「外向超越」）。熟悉從唐君毅、牟宗三到劉述先等當代新儒家哲學的人對於此一改動所針對的對象，必定有背景認識；但此問題並非本文的主旨，暫且擱置不論。內向與外向的對比就如同外傾與內傾的對比，都是方向的隱喻，訴諸於身體動作的直觀；榮格（Karl Justav Jung）的心理類型說也用內外之別以及感覺、直觀、思維、情感四種型態的混合來做類型區分的判準，由此可見余英時的做法是類型學的旨趣。在內向的判分下，中國文化的「軸心突破」便往世界之內的「道」、人之內的「心」尋求價值根據。這就導出他以天人合一作為儒道墨等家共法的詮釋。然而，若是落在具體生活上，余英時則認為中國傳統的價值系統是以儒家為中心，重視修身，也以五倫綱常為家庭、社會、政治生活的指導原則。因此，自春秋戰國起奠定以內向超越為主軸的思想突破後，

「心」、「道」、「天人合一」便凝聚爲社會文化生活的固定常軌，形成一套獨立、獨特的價值系統。傳統具有連續性，這一傳統的主導者是儒家，而隨著現代生活的挑戰，這套價值系統被動搖，甚至於全面崩潰。發生在晚清的價值挑戰一直到民國建立，都是處在傳統價值斷裂的時代中。當余英時用「游魂」、「幽靈」的比喻稱說儒家價值時，他意謂的是儒家建制的整體已經崩潰，儒學失去托身之所。崩潰的效應是「儒家不能再全面安排人生秩序」。連續與斷裂的強烈對比，正如同內向與外向的對比，儘管有豐富的歷史證據，但在劃分的動作下，有訴諸直觀的類型化傾向。

然而，余英時卻也以生命經歷爲本，他回憶少年生活的傳統中國，藉著解說「天地君親師」的起源，點出儒家價值深入民間的具體事例。對比於游魂說的價值斷裂，他也有重建連續性的想法，在充分意識到現代儒學的困境時，提出朝向民間社會或公民社會立身的解套方案。余英時認爲儒家的基礎深厚，游魂在短期內不會散盡，「祇要一部份知識分子肯認眞致力於儒家的現代詮釋，並獲得民間社會的支持與合作」，以「日常生活化」爲方針，仍然可能讓儒家的價值意識在現代社會中落實。這一簡短論述已經含括余英時著作的關鍵字「現代詮釋」、「知識分子（士）」。知識人（知識分子、士）承擔價值的整理、提煉、闡明，也要在新時代重新估定價值，新的人文研究方式在此「現代詮釋」的引導下，必須進行跟西方概念、現代價值的對話，進入長期的再格義階段，促使「西方概念的本土化」。晚年《論天人之際》雖似探源中國古代思想，但就其內容乃是藉著雅斯培（Karl Jaspers）的軸心時代說轉化出「軸心突破」說，橫跨中、希（希臘、希伯來）、

印的世界幅度，遙指概念發明、價值奠定的「同時性」（synchronicity；榮格語），這種同時性也必須在同一個現代階段中將格義、本土化、現代詮釋融於一爐。通天人之際的企圖心是由古通今、以古映今，在古今之鉅變的斷裂中重新尋找接續處。

《從價值系統看中國文化的現代意義》分就四點進行現代詮釋：人和天地的關係、人和人的關係、人對於自我的關係、對生死的看法。天人之際的核心是「人與天地萬物為一體」，涵蓋了人與天地（自然）、生死的看法，但也都放在價值衡量的天平上思考。因此，一體的自然觀可幫助批判科技的宰制，以莊子對機心的批判來評估科技的過度膨脹；余英時認為，一體觀固然不是現代的，卻「可能具有超現代的新啟示」。同樣地，自然的氣化流行也為死亡下一註腳，擺脫個己的私，「勇敢面對小我的死亡」，積極做人、勤奮做事，「一旦死去，則此氣散歸天地，並無遺憾」。「五倫」則是在「人和人的關係」中得到新詮釋，以個人（person）為關係的核心，進而也開展出不同向度的人倫關係，特別是建立在「基於自然關係而組成的家」。余英時也認為當代的價值轉變必須把政治與倫理分開，強調法治、民主的必要性，反過來則可承認人倫關係中的合理成份。修身的精神修養要求則是用「心」的概念來界定「人對於自我的關係」，心所具備了價值自覺的能力，藉著承認「惡」的負面、底層心理，重新找到調整的契機。以上所論的四個層次，讀者都可在《論天人之際》中讀到呼應的處理。

余英時在處理價值系統的諸多著作中善於融入某些哲學觀念，化為史學的引導命題，並從歷史經驗的證據來證明其判斷。

作爲史學家，他熟悉當代史學的方法，也意識到方法論中哲學概念的引入是必經之徑，並以回歸歷史向度的手法使用哲學思想。他以宏觀的角度來檢討價值系統，實際上也爲了證成自己所經驗到的中國傳統價值，並在骨架血肉（政治社會建制、生活習慣）不存之際，重尋儒家價值的續命良方。這不僅僅是基於史學家知識所得的判斷，也是志業所繫的判斷，其實，也是一種價值判斷。如果我們在太史公的撰著中讀到微言大意，體會到精神深處的激情吶喊，那麼，在余英時冷靜客觀分析的文筆中，也可感受到揮之不去的熱度。余英時有屬於舊時代的生活經歷，那是他深刻體會到的社會溫暖，也是他揮之不去的價值根源。他深切地認識到，儒家的游魂無法輪迴轉世，只能散入世間，在鼎革新命中再度立命。

中國的宗教倫理與商人精神

李孝悌

聯經出版公司提供

　　余英時先生對西方的歷史與思想，有非常淵博的知識，對各
種觀念和理論也有充分和即時的掌握。在他的許多著作和論文
中，我們都可以看到這些西方知識、觀念和理論的影響。但在他
所有的著作中，大概沒有一本像《中國近世宗教倫理與商人精神》
這樣，以西方一本經典作者——韋伯的《新教倫理與資本主義的
精神》——作為出發點和參考架構，然後對明清的宗教倫理和商
人精神，寫出前人所未發的經典論述。

　　在提出了韋伯式的問題後，作者詳細闡述了韋伯此書的基本
論點以及西方學術界對此書的闡釋、演繹和辯難。在作者的理解
中，韋伯對西方資本主義興起的各種因素都深有所知，但除了經

濟本身的因素外，他最大的貢獻，是提出了一個文化思想的背景，也就是以喀爾文教派為代表的新教倫理的「入世苦行」，特別有助於資本主義的興起。

新教倫理「入世苦行」這個觀念，對余先生這本里程碑式的專論，帶來了極大的啟發。他在正文的上篇——中國宗教的入世轉向——和中篇——儒家倫理的新發展，就利用了韋伯這個觀念，對儒釋道的入世、苦行，作了字字珠璣的論述。但在文章的下篇，集中討論了中國商人的精神，而拋棄了資本主義這個詞彙。余先生在自序裡說他先後讀了幾百萬字以上大陸史學家關於「資本主義萌芽問題」的論文和專著，但最後並沒有看到有什麼「資本主義萌芽」。（頁57）這個問題之所以會引發大陸學者成篇累牘的討論，只不過是要符合中共錯誤援引的馬克思五階段的歷史發展觀。

在放棄了資本主義的問題後，作者轉而探討中國的宗教倫理與商人精神間的密切關係。作者受到韋伯的啟發，問了一個韋伯式的問題，然後在中國的史料中挖掘出無盡的寶藏，創建了作者自己的一套論述和理論。在這個論述的過程中，我們可以看得很清楚，韋伯在《中國宗教》中的討論，幾乎是全盤盡墨。韋伯在本書中，把儒家和清教派作了詳細的對比。在這一對比中，儒家和清教派幾乎是處處相反：「限於當時西方漢學的水平，韋伯關於儒家的論斷在今天看起來大部份都是成問題的。但在這一點上我們對他必須從寬發落」（頁13）。不過當余先生此書進入中篇儒家倫理的新發展時，他的許多批評則是非常強烈的，因為韋伯對宋明理學的基本要義完全沒有掌握，所以他的比較，現在看起來

是毫無意義和價值的。

中國的宗教轉向「入世苦行」，始於禪宗，並且對道教和儒家產生極大的影響。中國的佛教到唐代爲止，本來是出世的，惠能（638-713）所創立的新禪宗在這一發展上，尤其具有突破性或革命性的成就。一個世紀後，百丈懷海（749-814）的〔百丈清規〕和他所建立的叢林制度，終於在佛教經濟倫理方面有了突破性的發展。後來禪宗中人用「一日不作、一日不食」一語，扼要地勾勒出整個〔百丈清規〕的基本要旨。在他所訂下的「普請」制度中，寺中一切上下人等必須同時集體勞動，包括他自己在內。

以宗教性格而言，道教遠比佛教入世，但往往吸取佛教的教義、戒律、儀式等引爲己用。新道教的興起，以兩宋之際的全眞教最爲重要。全眞教不但在組織上效法百丈的規模，而且在宗教倫理上，更吸收了百丈「一日不作、一日不食」之教，以自食其力、勤苦節儉爲號召。「一日不作、一日不食」用道教自己的辭彙，是「打塵勞」，這是王重陽創教時設立的教法，所謂「耕田鑿井，自食其力」。

接下來，余先生便用大量的篇幅，討論儒家倫理的新發展。先秦儒家原本是最入世的學派，講求「內聖外王」之道，希望在現實世界中建立理想的政治、社會秩序。但從魏晉南北朝到隋唐，儒學成爲一種繁瑣的章句之學，與一般人的日常生活完全脫節。從文起八代之衰的韓愈開始，到宋明理學，儒家開始進入一個新的階段。韓愈首發啓端，在〈原道〉這篇劃時代的大文字中，便要使儒學能重新全面地指導中國人的社會生活。他再度強調先王的仁義之教，講求禮樂刑政、君臣父子，希望用這樣的「道」

來真正取代佛教和道教。（頁44）在這篇文章中，韓愈建立了新儒家堯舜禹湯、文武周工和孔孟的道統。但余先生借用陳寅恪的洞識，指出韓愈這種個人之間代代相傳的「道統」，其實是入室操戈，援引了禪宗「教外別傳」的說法。韓愈在另外一篇廣為人知的〈師說〉中所嚮往的「傳道、授業、解惑」之「師」，其實也是以新禪宗中的師弟關係為範本。這種傳道之師，和章句文字之師，是恰恰相反的。不但「師說」的整體精神取法於新禪宗，其中還有兩個具體的觀點也是受到新禪宗的啟示而發展出來的。第一是「無貴無賤，無長無少，道之所存，師之所存」，第二是「師說」後半段所說的「弟子不必不如師，師不必賢於弟子」。此外，根據嚴耕望的研究，新禪宗不但影響了韓愈上述的各種重要論點，也對宋代新儒家的「傳道」方式有直接的影響。（頁49-51）

　　但是新儒家和南北朝隋唐以來舊儒家的最大不同之處則在於心性論的出現。韓愈雖首倡復興儒家，但對那個時代新禪宗最吸引俗世士大夫的「求心見性」的心性論，則並無貢獻。新儒家因為新禪宗的挑戰而發展自己的心性論，但新儒家的「彼岸」卻絕不能同於佛教的「彼岸」，它只能是實有而不是空寂。除了心性、理氣之外，程朱理學中核心的「存養功夫」，也是從惠能那裡轉手得來，這一點朱熹說的非常明確。

　　在「世俗倫理」方面，新儒家也頗多與新禪宗相通之處。不同之處，在於新儒家把「理世界」和「事世界」之間的隔閡打開，而「敬」則扮演了關鍵的角色。根據朱熹的解釋，「敬」在入世活動中實為一種全神貫注的心理狀態，後世中國社會上所強調的「敬業」精神便由此而來。余先生認為這是新儒家倫理中的「天

「職」觀念，頗有可與喀爾文教相比觀之處。新儒家強調「勤」與愛惜時光的觀念，把浪費時間看成人生最大的罪過，也和清教倫理毫無二致。（頁67）

新儒家並沒有「選民前定論」的觀念，但他們對社會的使命感，在余先生看來，也有與喀爾文教派共同之處。范仲淹的名言「士當先天下之憂而憂，後天下之樂而樂」，在朱熹眼裡，正是一種「以天下為己任」的觀念，這也就是新儒家的入世苦行。宋代的新儒家已經不是出自門第的貴族，他們的「天下」和「眾生」，是指社會上所有的人，包括所謂士農工商的「四民」。雖然程朱理學的使命感包括了眾生，但一直要到王陽明提出「致良知」的理論，讓良知教風靡天下，既滿足了士階層談「本體」、說「工夫」的學問上的要求，又適合了社會大眾的精神需求，新儒家的倫理才普及於士庶。泰州學派的創始人王艮，初為灶丁，後隨父從商，門下有樵夫、陶匠、田夫，尤足以說明王陽明以來新儒家的倫理確已深入民間。新儒家的倫理因為陽明學的出現才走完了它的社會化的歷程，也是到這個時候，通俗文化才會出現三教合一的運動。

在本書於2018年出版的增訂版的附錄（二）〈士商互動與儒學轉向—明清社會史與思想史之一面相〉中，余先生利用最近發現的資料，寫了一節「儒學的宗教轉向—以顏山農為例」，討論泰州學派最具關鍵性的人物顏鈞（山農）的宗教性格。顏山農強烈的宗教性格，不僅表現在他和門人羅汝芳等人的聚會上，也顯現在他近於宗教性傳道的講學活動中。沿著這條路走得更遠的則是林兆恩創立的三一教，他的「心法」和「三教合一」說都源於

王陽明的心學。三一教大盛於明末清初，對福建和台灣、東南亞一些地區，有著深遠而持續的影響。余先生對中國近世宗教倫理的考掘和闡釋，到此可說是功德圓滿。

在詳細論證了新禪宗、新道教和新儒家的宗教倫理後，作者緊接著以撼人的氣勢，展開了關於明清商人地位和自我認同上的轉變的論述。這個部份首先討論了明清儒家的「治生」論，這個論點認為士必須在經濟生活上首先獲得獨立自足的保證，然後才有可能維持個人的尊嚴和人格。接下來討論明清時期士商關係的變化以及「新四民論」的出現。由於明清儒者對「治生」、「人欲」、「私」都逐漸發生了不同的理解，他們對商人的態度也因此有所改變。而且十六世紀以後的商業發展也逼使儒家不能不重新估價商人的社會地位。余先生在此引用了王陽明在1525年為商人方麟寫的一篇墓表，來說明儒家在四民論上的微妙變化，並特別強調這是新儒家社會思想史上一篇劃時代的文獻。

回到商人本身，作者首先分析了商人與儒學的關係，並且以「商業書」這種日用百科全書的大量出現，說明商人對客觀世界的廣博知識，並特別指出有些書其實暗示著明清考證學興起的社會背景。這無疑是前人所未發的原創性洞見。更進一步，他用了許多例子，來證明商人對儒家思想的熱烈興趣。韋伯在討論新教倫理時，主張「勤」與「儉」是有助於資本主義發展的兩大要目，余先生在此則細緻地分析了晉商、徽商等大商幫的勤儉精神。他認為這個信條因為宗教的入世轉向而深入到日常人生中，到了明清時期，這種勤儉的習慣便突出的表現在商人身上。他也打破韋伯的誤解，強調在明清商人倫理中，「誠信」、「不欺」也是佔有

中心位置的德目。

　　余先生對「賈道」的討論，是本書的另一重大創見。他認爲明代商人用「賈道」一詞，除了如何賺錢之外，還有另外一層意義，即怎樣運用最有效的方法來達到做生意的目的。這相當韋伯說的「理性化的過程」。他認爲明清中國商人勤儉起家，除了「爲子孫後代計」的世俗動機，還有一種超越的精神。他們似乎深信自己的事業具有莊嚴的意義和客觀的價值。許多大商人都有一種「創業垂統」的心理，認爲「良賈」和「閎儒」沒有什麼大差別，這種自尊自重，和王陽明說的「雖然日作買賣，不害其爲聖爲賢」互通聲氣。

　　本書不論是對於中國近世宗教倫理還是商人精神的討論，都是前所未有的創見。余先生從韋伯的經典之作出發，大扣大鳴，爲相關課題的討論，樹立了後人難以企及的重大里程碑。也可以說是一部「創業垂統」的經典巨作吧！

《朱熹的歷史世界——宋代士大夫政治文化的研究》述評

鍾彩鈞

允晨文化提供

　　本書研究的對象不是朱子思想，也不是朱子傳記，而是朱子所生活的歷史世界，且集中在研究歷史世界的士大夫政治文化。因此本書是朱子思想、傳記背景的研究，也是宋史部份的研究。本書有允晨（2003）、三聯（2004）兩種版本，本文依據的是三聯版。

　　本書出版後有大量的書評，其中不乏名家之作。以余先生的成就，出版這樣一部兼具宏觀、微觀，跨足思想、政治、心理多種領域的著作，很快就引起各方的關注。這些書評除了闡揚余先生論述宗旨外，並各本所學指出余先生的疏漏。關於本書，學界的討論已經很多，筆者只能簡略綜合這些書評，再加上筆者的一

些補充。

本書剛出版就有楊儒賓、劉述先兩篇書評，質疑本書所提出的哥白尼式的迴轉是否得當。本書指出以往對宋代的理學有兩種論點：第一，理學家主要旨趣在「上接孔孟不傳之學」，故論者往往持孔孟本義來斷定理學各派的紛歧。第二，理學家所討論的相當於西方形上學或宇宙論的，故哲學史家運用西方哲學的系統來闡釋理學的不同流派。本書則採用從宋代儒學主流來看理學。宋初儒學主流要求重建合理的人間秩序，始點是整頓治道。（183頁）王安石提出內聖作爲外王的基礎，理學家從王安石更進一步，將內聖的內容，從雜佛老改正爲純粹儒學，即對於正心誠意、理氣心性的知行。然而王安石與理學家仍然在北宋儒學主流之中，亦即以秩序重建爲主要關懷。這樣便將理學的重心從內聖扭轉到外王，余先生稱爲「哥白尼式的迴轉」，但這個觀點受到劉述先與楊儒賓的反對。他們指出以往研究都忽略理學家對外王的熱情，對政治的涉入與成敗，這些是余先生對理學研究的開創性貢獻，然而內聖是理學家的終極關懷、主要成就與歷史定位之所在，不應反轉過來，只視爲外王目的的內在條件。

余先生對楊儒賓、劉述先的書評都有回應，與劉先生又互相反覆一次。余先生在回應中澄清誤解，但澄清除了更精確地表達立場，也包含了再思與修正。余先生指出他並不是從「內聖」迴轉到「外王」，而是迴轉到「內聖外王」的連續體。這連續體是理學家的整體目標：內聖必然包括外王，故秩序重建是儒家的終極目的。但對連續體的志向並不妨礙個人因氣質或能力而偏向其一，以及理學家的成就與定位在內聖一面。（871-873頁）余先生

並說「內聖外王」一旦應用到全面政治革新的層次，便必然會落在「得君行道」的格局之內。全面失敗是無可避免的結局。在宋代一般士大夫的心目中，儒學作為一完整的思想系統是具有全面安排人間秩序的潛力的，但儒學在現代的處境中已失去了這種全面安排秩序的資格，「內聖外王」不再有現實的意義。（917頁）這個回應明白表達了他不美化內聖外王，不奢談儒學的永恆價值，反映了歷史學者求真求是的立場，也能使讀者更安心地探求理學家的外王背景與事業。但筆者認為還有補充的餘地。

一些書評也提出理學不區分內聖外王，而追求整體道理的意見。余先生「秩序重建」說也恰當地表示這樣的主張。然而余先生所謂「秩序」是從家庭開始的，「秩序重建」的對象仍是外王，修身以前的內聖工夫仍是作為外王的條件。因此在此連續體中仍有條件與目的之區分。（參見881頁）筆者的建議是內聖也是秩序重建的一部份。余先生在回應中有云：「『內聖外王』只有在人得到『天理』以後才可能出現。……就個人言，在識得『天理』之後，依之自我修養，『變化氣質』，即是所謂『內聖』，依之處世接物，則進入了所謂『外王』的領域。」（873頁）天理是秩序性概念，在程朱尤其如此，那麼依天理自我修養便是秩序重建的一部份，而非其條件。但余先生在本書正文中似無這類說法，反而屢屢將理氣心性之論當作內聖。如果以體用觀看宋代儒學的發展，則歐陽修以「仁義禮樂」為體，蘇軾、王安石以「佛老」為體，到了理學才以「內聖」為體。內聖是正心誠意、存天理去人欲所到達的境界，理氣心性則屬內聖外王的理論。因此理學、心學的內聖主張大體無異，但在理氣心性的理論上則有較大的差別。由

於理學家強調體證，因此內聖之學與理氣心性之論常是並起，但從概念上仍可區分出前者是實踐，後者是理論。因此若將余先生之說修正為：理學強調自己與世界的改變，「秩序重建」包括內聖與外王，應該更能符合實情。

北宋儒學秩序重建、整頓治道的主流來自士大夫的自覺。北宋士大夫所面對的是一個轉變了的社會結構，他們不得不設計新的制度來重建儒家秩序，無論是王安石的「新法」、呂氏「鄉約」或范氏「義莊」，雖有全國性與地方性之異，都應作如是觀。所以分析到最後，宋代從中央到地方的許多革新活動，背後都有一股共同的精神力量，這便是當時所謂「以天下為己任」。宋代的「士」以政治、社會的主體自居，因而顯現出高度的責任意識。（220頁）這種主體、責任意識發展出君臣共治天下的觀念。程頤解〈堯典〉「克明峻德」云：「帝王之道也，以擇任賢俊為本，得人而後與之同治天下。」（222頁）共治觀念的高峰是王安石的非常相權。余先生指出神宗所擁有的仍是秦以來「君尊臣卑」的君權，但變法時期君權與相權短暫合一，即神宗主動將他的君權納入安石相權的運行軌道。這中間貫注了一股共同的理想，故君臣之間才能脫略形跡如此。但權力的計慮終不免會超過理想的執著，君臣最終不免出現矛盾。王安石擴張相權的種種策略也為以後的權相開啟了方便之門。（240-245頁）筆者認為，余先生指出君臣共治的理想與君尊臣卑的現實，二者的調停拿捏算是準確。其實換個觀念來說明可能更清楚。若就權力結構來說，君權、相權猶今日所謂政權、治權，治權仍是來自政權，政權才是真正的政治權力，共治不是共享權力，因此前引程頤解〈堯典〉中，先

被「擇任」才能「同治」。

　　余先生或許因為「君臣共治」的觀念，影響到對「國是」的解釋。「國是」是皇帝和某派大臣共同議定的「最高國策」或「正確路線」。余先生指出「國是」是個法度化的觀念，既定「國是」，皇帝和士大夫之間等於已訂立了必須共同遵守的「契約」。不但大臣在「國是」失敗或改變時要去位負責，皇帝也沒有片面毀約的方便。（258、266-267頁）「國是」是君臣共治的一個面相，且能維持政治路線的穩定，但卻是頗受詬病，朱熹便說：「主其偏見，濟其私心，強為之名，號曰國是」這句話，表示朱熹已看透了「國是」的理想落在權力世界的必然結局。（286頁）但余先生稱「國是」為「理想」還是受到「君臣共治」觀念的影響。事實上國是並不是朝廷上共同討論出來的，而是「某派大臣」即宰相兩三人與皇帝商定的，則「國是」不是公議，而是鉗制公議。宰相既是定國是或守國是之人，國是更改則當去位，是毫不奇怪的。不僅如此，據李華瑞〈宋神宗與王安石共定「國是」考辯〉，神宗選定「國是」的做法是由皇帝以「合其所取舍者」為標準而單方面的決定，並不是與王安石等人共定「國是」。

　　本書下冊專論朱熹的時代，集中在兩個方面。一是「理學集團」與「官僚集團」的鬥爭，二者分別為重視理想與遷就現實的政治集團；二是高宗、孝宗、光宗三位皇帝的父子關係與對政局的影響。余先生善用材料，分析細緻，對兩個集團亦無美化或貶抑之嫌。對皇家內部矛盾則用心理史學的方法，雖然要發揮很大的想像力，所論亦頗合理。這種地方很能表現出史家的才、學、識、德。但因為本文有篇幅限制，只能在此表示全力推薦。

史學大師的思想史視野——
從《宋明理學與政治文化》談起

呂妙芬

允晨文化提供

　　《宋明理學與政治文化》[1]前五章討論宋代理學的起源與發展，及其與政治文化的複雜關係，這部份原為《朱熹的歷史世界》上編〈緒說〉，後獨立出來成為此書的第一部份。第六章寫明代理學與政治文化的關係，與前幾章的內容構成全書「起、承、轉、合」的關係。此書以歷史學的旨趣與研究方法探討宋明理學與政治文化，從問題意識到研究目的與方法，都和一般思想史或哲學研究有相當距離。

1　余英時，《宋明理學與政治文化》(臺北：允晨文化出版公司，2004)。

歷史學的研究離不開特定的時空環境，歷史人物的活動跨越政治、思想、宗教等學科分際，文本的產生有其特定的歷史脈絡與對話的對象，文本在後代的流傳與運用中又不斷被重新詮解，觀念與價值也有時代的特色與限制，這些現象在書中都有具體的呈現。史學研究講究廣納任何相關文獻，余先生便是從大量文獻（包括許多理學以外的文獻）爬梳出線索，試圖重建理學在宋代逐漸形成的過程，及其發展到明代的變化。他強調必須在宋代特有的「政治文化大綱維」中考察理學形成的歷史與意涵，而宋代士大夫高度的政治主體意識、對於三代之治的基本信念，以及欲重建政治秩序的理想，則是構成此「政治文化大綱維」的要素，也是理解宋代理學的重要歷史脈絡。這部份在《朱熹的歷史世界》中，以及書出版後學界的許多討論中，都有論及。

　　歷史問題和哲學問題確有不同。「人皆可以爲堯舜」明明是理學的公論，此處之「人」難道不是指所有人類嗎？就理論與理想而言，應該是，但歷史事實卻不然。理學施教的對象從宋到明有變化嗎？宋代與明代理學家普遍的政治理想與自我期許有所不同嗎？原屬於《禮記》中的〈大學〉、〈中庸〉是如何獨立出來成爲理學的聖典？北宋理學家「闢佛」，他們所闢的主要對象是誰？與韓愈闢佛有何不同？這些都是歷史問題，余先生也憑藉其史家的技藝給出他認爲符合歷史的答案。

　　第六章論到明代理學與政治文化，爲了凸顯與宋代的差異，余先生從明朝廷杖、辱殺士人與廢宰相寫起，說明明代士人普遍的政治意識已與宋代不同，不再有「得君行道」的抱負，眼光也從面向皇帝和朝廷轉向社會與平民，他們以道自任的儒學精神更

多表現為「覺民行道」的理想。余先生認為陽明致良知教充分展現覺民行道的精神，而最能繼承此精神者便是泰州學派。

我想余先生的解釋必須從宋代與明代整體政治與社會結構的大變化來理解，或者說從文化意識的大處著眼，而不能專注於個別思想家。我相信明代仍然有懷抱「得君行道」理想的士人，但是這樣的理想不易實現，也無法代表明代士人群體的主流政治意識。就像城鎮商業、士人集會與講學活動等，宋代已然存在，但就規模而言，晚明顯然與宋代有明顯的差異。我們若考慮明代整體的政治環境、士入進入官僚體制的管道（士人教育與科舉制度等）、商業與其他治生的機會、宗教教義與實踐，以及明代士人的普遍政治際遇與自我期許，余先生所描繪走向民間、更具個人求道精神的明代理學形象，應是準確而重要的。

余先生對於宋明理學的研究，不僅在《朱熹的歷史世界》、《宋明理學與政治文化》書中寫出思想史與政治史的密切交織，更在許多其他著作中展現其全方面的思考。例如《中國近世宗教倫理與商人精神》一書，受到韋伯《新教倫理與資本主義的精神》的啟發，又吸取學界對於明清經濟與商業活動的研究成果，從中唐以後儒、釋、道三家的入世轉向談起，探討明清商人的思想、自我認同、新的士商關係等議題，既修正韋伯對中國宗教的觀點，也勾勒出中國近世儒學發展的走向，及其與釋道二教間密切的交涉。

余先生說自己是在西方文化系統對照之下，去認識中國文化的特色。無論中西文化，都是在歷史長河中逐漸演進而成，因此他認定只有通過歷史的研究，才能獲致有關中國文化的基本認

識。[2]他的思緒和謹慎的態度經常流露紙間。例如,他在討論陸楫「崇奢」觀念之後,聯想到英國崇奢論,但立刻警醒地提醒:「我們不能把陸楫一言一語,孤立地和英國任何一個思想家的說法互相比附,而企圖從中歸納出任何普遍性的歷史概括。」[3]又例如,他從中國十六世紀的許多面向看出具有劃時代的意義,但又能夠謹慎地不與西方的「現代」、「啓蒙」相比附。我覺得余先生以下這段話頗能表現他對於思想史研究的廣大視野及嚴謹的治學態度:

就我所知,明清之際,治生、四民、賈道、理欲、公私、義利等觀念都發生了變化,而陸楫也恰在此時提出關於奢儉的新說,這絕不是偶然的。同樣的,西方自17、18世紀以來,尚奢論投射的影響力也遍及各不同領域中的觀念,如于美德(virtue)、惡德(vice)、公民特質(civic virtue,包括馬基亞維利以來的virtù)、理性(reason)、情感(passion)、人欲(desire)、公益(public benefits)、私利(private well-being)、自由(liberty)、人性(human nature)、貿易(trade)、財富(wealth)、消費(consumption)等。這也是成套的思想轉向,不能抽出其中任何一項作孤立的處理。嚴格地說,比較思想史的研究首先必須著眼于這兩大體系的整體變化。[4]

2　全英時,〈總序〉,《現代儒學的回顧與展望》(北京:三聯書局,2003),頁4-5。

3　余英時,〈士商互動與儒學轉向〉,《現代儒學的回顧與展望》,頁224。

4　余英時,〈士商互動與儒學轉向〉,《現代儒學的回顧與展望》,頁224-5。

余先生與呂妙芬攝於唐獎大師論壇後，2014年9月20日

　　思想鑲鉗在歷史文化脈絡中，「成套的思想轉向，不能抽出
其中任何一項作孤立的處理」，「比較思想史的研究必須著眼於體
系的整體變化」，我想這是余先生對所有後學的重要提點。

　　近年來的史學界，思想史研究相對低迷，宋明理學研究更處
邊緣地帶。雖然我們常說思想史要跨域而重生，但實際上突破很
有限。重讀余先生的著作，深感他其實早已做到跨域的思想史研
究，他清楚意識到儒學思想在傳統中國的重要性，緊密關係著從
個人道德、家族倫理、人際關係、到國家典章制度與國際交往各
層面，理應受到高度關注。他的研究，無論關於傳統或現代中國，
都將儒學思想擺放在核心的位置。而他結合政治、經濟、社會、

文化等面向，以更整全的視角研究儒學思想，則是一種令人嚮往的學術典範。

讀《東漢生死觀》紀念余英時先生遠遊

李貞德

聯經出版公司提供

　　余英時先生去世，學界愕然惋歎。《中國文哲研究通訊》將出版紀念專號，盼藉由重讀先生著作，緬懷前輩並反思學史。我受命介紹《東漢生死觀》，雖恐不識精髓，惟願勉力爲之。[1]

　　本書的主體是余先生1962年哈佛大學的博士論文，另收書評和期刊論文各一篇爲附錄。博論原題 *Views of Life and Death in Later Han China,* 其中第一章曾經修訂單獨發表，[2] 這次以〈生與

1　余英時著，侯旭東等譯，《東漢生死觀》（台北：聯經，2008）。本書2005年曾以簡體中文由上海古籍出版社出版。

2　Yü, Ying-shih, "Life and Immortality in the Mind of Han China," *Harvard Journal of Asiatic Studies* 25（1964-1965），pp. 80-122.

不朽〉爲名，和原博論第二章〈養生長壽〉、第三章〈死與神滅的爭論〉，連同〈導言〉與參考書目首度全部以繁體中文出版。附錄兩篇，則是二十年後藉由考古新材料的進一步發揮。長沙馬王堆漢墓在1970年代出土後，學界論述豐富，余先生先爲魯惟一專書寫了評介，[3] 數年後續發專文，皆在闡述佛教入華前中國已有的來世信仰與靈魂觀念。[4] 總計六篇文字，所論雖上自殷周下迄晉唐，但關注的焦點仍在漢代人們對生死的認知與實踐。

〈導言〉破題先指出思想史研究的若干陳說，並釐清作者的主張，認爲不應將考察的思想對象區分高低，亦反對思想由上往下滲透的舊論，指出民間觀念尚待深究，需將思想史與社會史結合起來，從民間社會的所言所行推敲其所思所信。博論主旨即藉「生死觀」來聯繫東漢上層與下層的思想，並強調不論以儒家士人爲主的上層或以道教民間社會爲主的下層，都顯示出珍重現世的時代精神。這一方面表現在求壽怕死，對人世的強烈依戀，另方面則反映在成仙升天的企望，以及呼應現世的死後世界想像中。余先生稱之爲充滿「此世性」（this-worldliness）的生死觀，並爲說明這個貫串全篇的抽象詞彙，援引西方思想家的相關理

3　魯惟一專書：Michael Loewe, *Ways to Paradise: The Chinese Quest for Immortality* (London: George Allen & Unwin, 1979)。書評：Yü, Ying-shih, "New Evidence on the Early Chinese Conception of Afterlife-A Review Article," *Journal of Asian Studies* 41.1 (November 1981), pp. 81-85. 本書譯題〈早期中國來世觀念的新證據—評魯惟一的《通往仙境之路：中國人對長生的追求》〉

4　Yü, Ying-shih, "'O Soul Come Back!' A Study in the Changing Conceptions of the Soul and Afterlife in Pre-Buddhist China," *Harvard Journal of Asiatic Studies* 47.2 (December 1987), pp. 363-395. 本書譯題〈「魂兮歸來！」—論佛教傳入以前中國靈魂與來世觀念的轉變〉。

余先生與李貞德攝於唐獎大師論壇後，2014年9月20日

論。但在進入正題之前，話鋒一轉，挑出《太平經》和《老子想爾注》兩部道教典籍，介紹其作為民間思想主要史料的歷史背景、流傳敷衍與核心內容。至此，讀者不難發現，未來數十年余先生論著中東西合璧而遊刃有餘、令人嘆服的引證論述形式，在博論中已可略窺堂奧。

博論主體的三章，從古人對生的執著談到對死的認識。第一章指出生乃天地之大德、生生不息等觀念，實為儒道所共享。暫且不論孔子強調生而擱置死的議題，《太平經》譴責溺女、反對獨身，亦皆可從此角度理解。「長壽」可說是中國人最古老普遍的世俗欲望，而金文「難老」、「毋死」等嘏辭的出現，則顯示軀

體不朽的追求已然萌發。但不論是〈逍遙遊〉或〈遠遊〉描寫的不朽之境，多爲遺世索居，「仙」作爲生命延續的一種型態，最初帶有遠離塵俗、擺脫人間的氣質，余先生稱之爲「彼世不朽」。相較之下，當秦皇漢武受方士鼓舞，或往東海或赴崑崙求仙時，期待的卻是「一人得道，雞犬升天」。到了東漢，這類想望已爲士庶所共享。彼世不朽此世化，彰顯漢代的現世精神，余先生推測此一方面來自家庭紐帶的強化，另方面也反映政治糾葛的影響。

　　成仙不朽既爲普遍期望，其道何由？此便引出第二章的論題。漢代士人盛行養生，其技術和道教求仙頗有重疊之處。服食導引皆爲不死，效果如何？《太平經》宣稱積學不止可致神仙，嵇康（223-263）論養生卻直言求壽可力致，成仙則非稟受自然異氣者不可得，對此，葛洪（283-343）再加駁難，主張養生與成仙是程度上的不同，非性質上的差異。與道徒不同的是，士人修仙幻滅，轉而追求福壽的現世享樂，余先生稱此爲漢晉之間的個人主義，另有專文論及。[5] 唯士人以正命（天定的壽命）、隨命（行善受福、作惡致凶）和遭命（行善得惡）理解個體經驗時，卻發現隨命與遭命並不相容，須待道教提出「承負」之說，將賞善罰惡的時間軸拉長，把祖先行止也納入考量，由司命之神統籌計算，才得解通。此類壽夭取決於人而非神的觀念，再度反映了東漢人文主義的入世精神，卻也爲將來佛教報應思想鋪路。

　　仙既不可致，死卻不可免，則死後世界的有無與狀況便成了士人思想與民間信仰角力的課題。博論第三章闡明東漢的死亡

5　余英時，〈漢晉之際士的新自覺與新思潮〉，《新亞學報》4.1（1959），頁25-144。

觀，余先生將之分爲自然主義的和迷信的兩種，前者表現在部份士人的接受態度，後者則爲普遍存在的死後信仰，兩者共通的是以氣之聚散來界定生死。主張萬物皆有始有終的士人，同意養生者固當以聚氣求壽，然一旦人死氣絕，則歸於無有。此想法和絕大多數東漢士庶相左，大凡眾人之信，乃王充（27-97）所嚴厲批判的：「世謂人死爲鬼」、「見之與人無異」。死者有知的信仰，從甲骨卜辭即一目了然，先秦以來的文獻則顯示人們相信鬼有所歸方不爲厲，故需祭祀以饗之。東漢墓葬壁畫和隨葬品呈現出的死後生活完備無缺，而《太平經》則提出眞死與假死之別，主張後者實乃屍解成仙。凡此皆引發神滅與否的論爭，也牽涉到厚葬或薄葬的社會議題。在全篇結束之前，余先生綜論：神魂與形體確然相關，「據說兩者皆源於氣，但它們究竟如何聯繫，對我們而言依然是混沌一片。」

這片混沌的狀態，二十年後因新出材料稍得撥雲見日。余先生顯然持續思考此一課題，在本書所收書評和專論發表之間，曾另以中文長篇申述，可視爲英文專論的前身。[6] 馬王堆漢墓帛畫呈現的天上景，以及告地策涉及的地下主，呼應《禮記》「魂氣歸天，形魄入地」的觀念。〈魂兮歸來〉一文以復禮破題，將帛畫視爲招魂儀式的道具。人死形神相分、魂魄離散，招魂復魄不成，才開始準備葬禮。文獻記載，魄的觀念早現於北方而魂則多見於南土，但最晚在西元前2世紀便已融合，形成中國人二元的靈魂

6　余英時，〈中國古代死後世界觀的演變〉，原載香港《明報月刊》18.9（1983），收入余英時，《中國思想傳統的現代詮釋》（台北：聯經，1987），頁123-143。

台大歷史系史學座談會後合影，1980 年 8 月 20 日

觀，爲後來儒家士人和道教信徒所共享。而此正佛教入華後，天堂地獄觀念得以在中國思想中充分發展的背景。然魂既歸天，與仙何異？本文最末一節「仙的出現和來世的重建」應可視爲余先生對博論的補完之作：求仙風潮的出現從根本上改變了漢代的來世觀念。仙人不死、形神具存，顯然和可分解的魂有別，而彼世不朽此世化，皇王士庶登仙後人畜群居，俗人死後魂魄勢必需要

另外安排居所。西元前一世紀興起的泰山府君信仰,將魂歸屬泰山梁父管轄,雖仍上升但居於小丘而非山頂,魄則下到蒿里,亦即大眾文化信仰中的下里或黃泉。飛沈兩分的模式依舊,但死後世界已全然改組。

余先生研究寬廣、著述多元,1990年代後針對此題較少著墨,但青壯時代的先驅之作,影響深遠。不論古典生命觀、《太平經》思想、泰山信仰與死後世界,乃至招魂與葬儀,皆有研究者繼續援引申論。[7] 特別是揚棄士人思想由上往下滲透的陳說,從共享而非統一的視角理解漢人的心靈世界,一甲子後重讀,仍發人深省。[8]

7　古典生命觀的研究,可參杜正勝,《從眉壽到長生——醫療文化與中國古代生命觀》(台北:三民書局,2005)。《太平經》與道教生死觀的研究,可參林富士三篇專論,〈試論《太平經》的疾病觀念〉,〈試論《太平經》的主旨與性質〉,以及〈《太平經》的神仙觀念〉,依序刊載於《中央研究院歷史語言研究所集刊》62.2(1993),頁225-263;69.2(1998),頁205-244;80.2(2009),頁217-263。泰山信仰與死後世界的研究,可參劉增貴,〈天堂與地獄:漢代的泰山信仰〉,《大陸雜誌》94.5(1997),頁1-13。招魂與葬儀的研究,如涂宗呈,〈神魂、屍骸與塚墓——唐代兩京的死亡場景與喪葬文化〉,台灣大學歷史系博士論文(2012)。

8　另,劉增貴亦曾反思歷史研究中的上層與下層,主張不僅應探討「下層的歷史」(社會階層居下者的歷史),更應注意「歷史的下層」(士庶共享思想觀念之伏流),見氏著,〈下層的歷史與歷史的下層——台灣「中國社会史」研究回顧——〉,收入籾山明、佐藤信編,《文献と遺物の境界——中國出土簡牘史料の生態的研究——》(東京:六一書局,2011),頁253-270。

從科學民主到人文民主：評介余英時先生大作《人文與民主》

朱雲漢

時報出版公司提供

　　余英時先生在2019年11月為政治大學新設立的「羅家倫國際漢學講座」舉行了隆重的開講，他的演講主題是「從科學民主到人文民主」。這場演講是他2021年辭世前最後一場正式演講，格外值得關注。

　　這場演講正好安排在五四運動的第一個百年，羅家倫先生更是五四的健將之一，在這個特殊的時點與場合，余先生再度鄭重提出他在九年前出版的《人文與民主》論文集所主張的：人文主義的重建對中國的未來極其重要，這個文化建設課題的重要性甚至超過五四運動提出的「德先生」與「賽先生」兩大訴求，而百年以來中國知識分子對於人文主義的不夠重視，是五四新文化運

動的一大遺漏，也是一大遺憾。

在《人文與民主》一書中，余先生認爲我們仍須關切「德先生」的未來，一方面民主憲政尚未在中國社會全面實現，另一方面我們也必須不斷警惕自己，即使我們順利的引進了民主的政治秩序與制度安排，但民主不僅僅是一人一票「量」的問題，更是一個「質」的問題。如果民主政治缺乏良好的文化基礎，民主政體可能帶來非常負面的結果。雖然台灣社會已經在民主政治發展上走在華人社會的前端，但如果要確保民主能夠充分發揮其效益，能夠帶來善治，台灣知識界一定要把人文主義的重建作爲首要工作。

余先生也主張，時至今日我們已經不需要優先提倡「賽先生」了，因爲科學已主宰人類社會了，甚至凌駕了人文與社會學科。過分講科技反而有負面作用，狹隘的科學主義心態使許多知識分子忽視了人文修養對於民主社會建立所可能作出的貢獻，也無法正確體認人文與科學其實各有領域而又需要相互補充。所以，他鄭重的倡議我們應該從「科學民主」走向「人文民主」，這是他多年以來對五四新文化運動遺產反思後，爲華人社會提出的文化建設核心主張。

余先生提示我們，在民主的政治秩序已經爲我們所共同接受的大前提下，中國人應該更進一步去想想：建立一個比較理想的政治秩序究竟需要什麼樣的文化條件。針對這個關鍵問題，余先生博引中外古今思想家的精萃，試圖給出一個比較完整的答案。

他提醒我們早在希臘時代的許多史學家與哲學家都對民主政體有所保留。因爲在雅典民主的後期，已經沒有像伯力克里斯

余先生伉儷與朱雲漢攝於普林斯頓校園

（Pericles）那樣第一流的領袖人物，繼起者是一些譁衆取寵的煽動政客，一昧取悅群衆，利用他們的低級本能，以滿足自己的權力慾望，所以雅典民主竟墮落爲「多數人的暴政」。蘇格拉底便是在這樣的亂世中被群衆判處死刑，他的學生柏拉圖終生反對這種暴民式民主，不是沒有道理的。

余先生進一步提示我們，民主政體僅僅作爲一種政治形式而言，它的價值是有限的；民主不能離開一般的文化基礎而充分發揮其效能。政體只是軀殼，文化則以靈魂注入此一軀殼。中國人一向認爲「徒法不足以自行」，其實是大有道理的。中國傳統也

不像一般人所說的，只要「人治」不要「法治」，兩千多年前孟子就已經闡釋的很清楚了，故曰「徒善不足以為政，徒法不能以自行」；明末的黃宗羲甚至首度提出「有治法而後有治人」。不過，中國人一向把運用「法」的「人」看的很重。民主作為一種「治法」也同樣需要一種具有文化修養的「治人」，使它充分發揮其效能。這就是許多人強調的「民主風範」或「民主人格」。余先生認為，一部西方民主發展史充滿了民主人格的實例，在民主體制建立之初，尤其需要民主人格的示範。我們不能想像，如果沒有開國元勳華盛頓、傑佛遜等人的民主人格與修養，美國的民主建國會進行得那樣順利。

美國哲學家杜威更進一步闡述，民主是一種生活方式，採取這種角度，民主即是文化，政治形式不過是最表面的一層。相對於一個理想中的公平社會而言，民主的政治體制仍然只是一個必須條件，而非充分條件。

所以在思考中國的未來時，余先生反覆強調重建人文主義是當務之急。如果我們接受民主的建立離不開文化基礎這一簡單的歷史事實，則文化建設似乎比政治運動更為迫切，他也認為五十年代在台灣社會扮演民主運動先驅的「自由中國」社同仁，值得我們尊敬，但他也指出他們把問題看的過於簡單，以為反對黨的成立可以帶動政治威權結構的變化，這樣可以解決所有的問題。這一簡單化的想法近百年來一直困擾著中國。在他看來中國近代史上民主發展歷程的艱困至少有很大一部份是由於文化的準備不夠充分。從這個角度來看，「五四」是一個未完成的文化運動。

要如何推進文化建設呢？余先生特別引述芝加哥大爺教授布

余先生與朱雲漢攝於余宅

魯姆（Allen Bloom）在1987年出版的《美國心靈的封閉》（*The Closing of the American Mind*）這本書。布魯姆認爲美國大學自六十年代末期反越戰運動以來，大學教育已經面臨空前的危機，青年學生受到歐陸傳來的各種虛無、絕對、頹喪、過激觀念的影響，在學識與思想上陷入極度貧乏與迷茫。思想的不健康已經嚴重損傷了美國民主的運作，自由變成放縱，容忍變成了不講是非。

　　布魯姆的觀察讓我們認識到：民主體制本身不是一切，它的運作必須另有一種健全的文化精神與之配合。余先生非常贊同布魯姆的判斷，在現代社會這種精神主要來自高等教育，即是大

學。在民主社會中大學是精神堡壘，可以發揮提高人的境界的重大功能。大學如果能夠提供比較成功的人文教育，則社會將源源不斷地出現大批具有通識和判斷力的人才。這樣大批的人才散步在各角落，便可以保證民主品質的逐步提升。

余先生擔心今日的台灣高等教育，遠不足以承擔培育人文通識的重任。他的結論是：為了給發展中的民主體制奠定一個堅實的精神基礎，恐怕今天沒有比大學教育和學風的改造更急迫的事了。台灣朝野上下都有責任幫助高等教育，重建一個莊嚴大學的現代傳統。余先生用「重建」，是因為這一現代傳統早在民國初年便已出現。而中國的大學不必唯希臘是尚，我們更要嚴肅地對待自己的古典傳統，並消化這個偉大的傳統，以收推陳出新之效。

余先生認為，雖然中國沒有民主的制度傳統，但中國的人文傳統中不乏與現代民主精神深相契合的因子。儒家的「仁」與「恕」強調人格的尊嚴和容忍的胸襟，墨家的「兼愛」和博愛相通，道家一方面主張無為政治，反對政治力量對人生過分干涉，另一方面強調個人的自由；平等的觀念則是佛教的重大貢獻。更重要的是，中國人文傳統所塑造的「士」的風格更可視為現代中國知識分子的精神泉源。近百餘年來，中國知識分子投身於各種維新和革命運動，正是這種「士」的精神之體現與實踐。所以，余先生基本上認可狄培理（William Theodore de Bary）和白壁德（Irving Babbitt）的判斷，中國人文傳統思想不但有諸多可以跟現代民主政治相契合的元素，甚至還有可能為民主提供一些補充以為回報。

表面上《人文與民主》這本論文集，在余先生諸多鉅著中並

不顯眼，這本書的篇幅比較單薄，乍看之下結構也不是那麼緊湊。但其實不然，正如同余先生在「自序」中所說的，這個論文集的三個單元：一、「人文研究篇」，二、「民主篇」，三、「思想篇」，這三個單元環環相套，是不能截然分開的，因為民主的前途繫於人文主義的重建，而人文傳統的重建之源頭在思想。我認為余先生在這本論文集中，把他一生對中華民族與中國文化前途的思考結晶與我們分享，並給我們指引了明確的努力方向與具有很高可行性的具體實踐策略，體大思深，值得我們反覆思索。

從巫術文化到現代科學——余英時論天人之際重要觀點的繼承與發展

范麗梅

聯經出版公司提供

　　「人」窮極問「天」，是最初始的疑惑，也是最終極的關懷。余英時先生提舉「天人合一」作爲中國古代思想起源「軸心突破（Axial breakthrough）」探索的基調，是與印度、希臘、以色列四大軸心文明並駕齊驅，自成獨特文化體系的精神特色，也是對於整體文明性格發生定型性影響，起著長時期引導作用的核心要素。由中而外，由古至今，皆觸及這一層深意。「天」與「人」，余先生將之括分爲「超越世界」與「現實世界」，乃是人處於現實世界，懷抱著批判性、反思性的疑惑與探問，對於超越世界的天，發生概念理解上的遷動流變，以致促成思想上的突破，取得隨著時間荏苒推移，不斷創新發展的認識與關懷。因此，這是一

個古老的命題。在中國文明發展中，持續轉換成「天」與「地」；「天神」與「人民」；「天命」與「人事」；「天道」與「人道」；「自然」與「名教」；「天理」與「人欲」種種不同範疇，主導著不同時期的思想論述。

回到余先生所聚焦的先秦，以「天人合一」為基調的軸心突破，可以溯源至禮樂傳統的巫術文化，且與諸子百家的精神覺醒分不開，是從禮樂傳統變為諸子學的一個過程。具體而言，軸心突破的前後，整個先秦思想掀起一場精神的大躍動，相對於天的人——諸子百家，出現了想要將「個人的存在」與「存有的整體（the whole of being）」有意義聯繫起來的需求。因此，從巫師透過禮樂的典禮儀式，操作集體主義壟斷人與天的交通，以達至「人」與「神」的合一，到諸子憑藉禮樂的道德闡釋，實現個人主義尋求人與天的交通，以達至「心」與「道」的合一，可以看到諸子百家與巫術文化一次次的相互抗爭或相似融合，巧妙的完成新「天人合一」的系統。其中突破的關鍵，就在於人與天的溝通機能（communicative function），由「巫」對於「神」的法力修煉，發展出「心」對於「氣」的操縱運用。背後則是整體文明，由「鬼神」的世界進展到「道－氣」的世界，此「道」是價值之源；「氣」是生命之源，從存有整體的源頭，肯認個人生命的存在與價值。如此所達至人與天的交通合一，所處的現實世界與所理解的超越世界不相懸隔、不即不離，余先生將之歸宿於「心」的內轉修煉所完成的一種「內向超越（inward transcendence）」。通過向個人本位內在的「心」求索，代替集體本位的「巫」，作為超越世界和現實世界之間的媒介，使現實世界的人能夠將超越世界

的天之道收入其心中，作爲其生命存在與價值的源頭。如此蘊含豐富理性與人文的智慧，實足以回答人對於天初始疑惑與終極關懷的探問。

宏觀與審視余先生對於先秦思想軸心突破提出的觀點，可以說極爲犀利精準而深刻入理，其直指中國文明的核心內容，因此不僅彰顯「天人合一」是一個古老的命題，更預示這是一個現代，甚至未來的命題，值得繼承發展、著力深論。首先，先秦思想軸心突破的最高成就，在於提出生命存在與價值之源頭——道，此就中國整體文明的架構而言，正是「經學」發展的全部內容。根據錢穆揭舉中國經、史、子、集四部一體的學術架構，經學、史學、子學、文學具有主次立體結構的關係，在每一次結構建立的當下，皆同步產生意義與價值，促使經學具備道而成爲四部之首。此間就先秦思想的具體發生而言，雖然涉及「百家言」與「王官學」（包括「史官」與「博士官」，或是「史官」與「巫祝」）之間，地位遞衍躍升、思想爭辨涵融種種複雜的問題。然而問題的背後，卻清楚可見四部之首——經學所具備的道，正是通過子學或文學所發展多元、自發、新興的思想，在面對史學之「事」的眞實理解，更強調經學之「義」的善惡評價，各有偏倚取捨，所完成具有意義與價值的首創成就。因此，對於軸心突破「天人合一」的持續討論，還可以上升到此一整體文明的架構中進行。

相對於此，余先生聚焦於子學中儒、道、墨諸子與史學中禮樂傳統之巫術文化二者之間的對立，挖掘諸子力求突破巫術文化的格局抑或深受巫術文化的影響，已然確立討論的重要方向。此間值得繼續深論的是諸子所突破或受影響的巫術文化，其實是一

個內含於經學、史學、巫術等思想交織而成的文化傳統，需要再置入「巫史同源」、「經史同源」等議題脈絡中進行探索。這一點通過馬王堆《帛書易傳·要》借孔子之口提出「吾與史巫同途而殊歸」，可以得到具體的反映。以孔子為代表的諸子，宣示其與巫、史方法相同而目標不同，也就是相較於巫之目標在「贊」與「神」、史之目標在「數」與「事」，其目標更在於經之「德」與「義」，並且強調「幽贊而達乎數，明數而達乎德」，能夠在巫與史的基礎上達至經的建立。諸子目標所在的「德」與「義」，正是其據《易》作《傳》立《經》的根本精神，亦是子學在史學、巫術的基礎上獲取建立經學的意義與價值。因此，巫術文化正是在此一整體文明架構中，作為子學面對史學、建立經學，所取得突破的對象而存在的，是繼續深論的重要焦點。

其次，諸子所突破或受影響內含於經學、史學、巫術等思想交織而成的此一文化傳統，其實亦代表前此一整個時代，人對於天認識與理解的最高程度。從鬼神世界到道－氣世界，除了以「道」作為生命存在與價值的源頭，還提出以「氣」為主的對此源頭種種把握的方法。而對於「氣」能夠取得最高程度的認識，恐怕亦是對於以巫術文化為主的文化傳統，所發展包括醫學、數學、天文學等種種前科學技術進行突破的基礎之上。如同余先生指出多種「氣化宇宙論」發展活躍的地區剛好也以巫術文化盛行聞名，或是巫師事神的技能與諸子的治氣養心之間是有過交涉的。事實上，藉助馬王堆帛書或是清華簡等出土文獻所保存經學、史學、子學、巫術、算術、醫學、天文學等許多紀錄，正可以對其中發展突破的細節反覆，進行更多實證性的研究。倘若說

余先生以「內向超越」作為這一場軸心突破的歸宿，那麼從先秦諸子到宋明諸儒發展的理學與心學，已然取得深厚長足的進展。相對的，在這一場突破中，所依附「內向超越」而出現的「外向超越」，其實需要得到更多的關注與深論。因此，在進入包括自然與人文現代科學發展無遠弗屆的今天，當考古學帶來小至馬王堆帛書、清華簡，讓我們一窺軸心時代的吉光片羽，大至恐龍化石，讓我們宏視生命無論巨細的存滅。當天文學透過高度精密儀器與技術，帶領我們洞徹億萬光年的宇宙世界，陪伴我們的太陽，原以為的永恆之星，也被探知亦將燃燒融合成紅巨星，再爆毀成白矮星。如此，懷揣著初始疑惑、終極關懷的我們，又能摹劃出未來如何嶄新的天人之際呢？

師門六年記：1977—1983

黃進興

　　頭回看到余英時老師是一九七〇年二月，他剛當選中研院院士不久，為臺灣大學歷史研究所做了一次講演，題目是「清代思想史的一個新解釋」。這個演講整理成稿後，成為以後二十年研究中國思想史「內在理路」的典範，影響極為深遠。而我當時猶系列「批余小將」，以打倒學術權威為己志，聽了這個講演，心中若有所失。

　　後來因緣際會到哈佛大學念了六年書，才算真正接觸了余老師。我能夠進哈佛大學完全得力於他的推薦。一九七六年，我到美國匹茲堡，還沒有註冊，聽紐約的同學說，哈佛大學的余英時教授要找一個人談話，這個人恰巧就是我。之前，申請哈佛的研究計畫，寫得有些不搭調，要去的院系不大對頭，所以沒被錄取。大概余先生看了有點印象，他有次到臺灣做演講，我在台下聆聽，卻不明就裡。同學幫我找到了余先生的電話，我打過去，余先生說：「既然你在匹茲堡大學還沒有開學，就過來波士頓玩玩。」於是我就搭了灰狗巴士，先抵紐約，再轉去波士頓。在哈佛的燕

余先生與黃進興、陳熙遠攝於唐獎大師論壇後，2014年9月20日

京圖書館跟余先生談了三個多小時，對我後來的治學是個轉捩點。

那時我不知天高地厚，大放厥詞。現在回想那次談話，不禁會臉紅：主要針對陳寅恪等名家而發。余先生跟我半聊天、半面試時，我放言：「讀陳寅恪的東西，覺得他的表達方式很奇怪，常是先有引文，才有自己的觀點。這引文裡的資訊ABCD非常多，最後拿的可能只是其中的B，可是讀者初讀這一段資料的時候，並無法預知他的邏輯推論是怎樣進行的。」余先生覺得這個初生之犢，連史學大家都敢胡亂批評，當然知道是很膚淺的。但余先生十分包容，聊了三個多小時後說：「你明年轉到哈佛來吧！」我那時尚未遞出申請，就知曉可以進哈佛大學了，不禁喜形於色，難掩內心的興奮。

後來回到匹茲堡大學見到許倬雲先生，老實供出實情。許先

生說：「既然你的興趣在思想史、學術史，還是跟余先生比較好。」
在匹茲堡這七個月裡，我便跟著許先生做一些導讀，瞭解他的學問，也有不少收穫。

但我剛到哈佛大學那一年，余英時先生即受耶魯大學禮聘為講座教授，一時無法親炙教誨。

哈佛大學的六年讀書生涯，是我夢寐以求的快樂時光。以前在臺灣大學讀書時，無法早起，經常日正當中才去課堂；遲到或曠課乃是常事。而到了哈佛大學，早上五、六點每每就自然起床，醒來便士氣昂揚，想直奔課堂，目睹列聖列賢的光彩。[1] 又性喜逛書店，嗜書如癡，有位朋友到我的宿舍，看見藏書堆到天花板，就說：「幸好波士頓沒有地震，不然那麼多書倒下來，準把你壓死。」

初始，我的研究方向係西方思想史和史學史，後來起了變化，跟兩位老師有絕大的關係。其中一位是比較思想史的大家——史華慈（Benjamin I. Schwartz, 1916-1999）。那時我的西方思想史題目也定了，有一次他跟我聊天：「你有這樣的底子，做西方的學術當然很好，但是在西方不乏有人可以做得更好，將來恐難脫穎而出。為什麼不回去做中國學問？一般做中國學問的人沒有你這般西學的底子，有不同的眼光和訓練，說不定會看出一些有趣的問題？」當時聽了有些洩氣，好像史華慈看輕了我之前西學的努力。後來心情沉澱之後，也覺得不無道理。又去請教余英

---

1 當時哈佛人文薈萃的盛況，容可參閱吳詠慧，《哈佛瑣記》（臺北：允晨文化公司，1986；北京：中華書局，2009）。

時教授，方才定案。其實余先生由哈佛大學轉任耶魯大學，並沒有正式教過我，我讀書跟的是余先生的老師楊聯陞（1914-1990）教授。可是我上楊教授的課只有第一堂和最後一堂。第二堂去的時候，教室空無一人，我覺得奇怪，怎麼請假也不講。後來從系裡知道，那時他的精神不佳。

史華慈先生說：「既然你問學有這樣的轉變，得在中國學方面多打點基礎，我介紹你到耶魯去跟余英時教授好了。」他顯然不知我事先就認識了余先生，我則喜出望外，順理成章接受了他的好意。當晚史華慈先生打了電話給余先生。之後，我每隔兩、三個月就會去余先生家住一、兩晚。這是我一輩子讀書最愉快的經驗。我和同學康樂（1950-2007）兩個人一起去，每一次都聊到晚上三、四點。因為聊得太晚，就乾脆在余先生家打地舖，醒來再聊，下午才走。

康樂原本就讀耶魯，為人熱情而有理想，對政治獨有見解，常跟余先生做臺灣輿情分析。我則把握難得的機會作了很多的提問。余先生在耶魯時，恰值創造力的高峰，佳作如活水源源不絕。每回一有新作，他總會讓我們先睹為快，我們算是最初的讀者。有時我們就提供一些意見，我充當主要批評者，雞蛋裡挑骨頭。那時等於讀了兩個學校，耶魯和哈佛，常常來來去去。余老師和師母除了在學問上指導我們，生活也幫了很多忙。我們在高談闊論時，師母便忙著做飯、準備晚餐與宵夜。師母對我們很體貼，很照顧，我內心由衷地感激。

在哈佛，我打了一個比較全面、紮實的底子。那時受余英時先生影響，且戰且走，彌補舊學的不足。在哈佛，史華慈雖是我

真正的指導教授，可是我的博士論文題目《十八世紀中國的哲學、考據學與政治：李紱和清代陸王學派》（*Philosophy, Philology, and Politics in Eighteenth-century China: Li Fu and the Lu-Wang School under the Ch'ing*）卻是余英時先生給的。他的設計頗有深意，刻意找一個冷門的題目，令我無所依傍，沒有二手資料可以參考，唯一的只有太老師錢穆（1895-1990）的《中國近三百年學術史》中有一章專門寫到「李穆堂」（1673-1750）。所以我只有把李紱的文集一本一本地翻閱，歸納出自己的看法。我的博士論文寫得相當順利，大概一年九個月就完成了初稿。當然並非個人天縱英明，而是有個學識淵博的老師做指引。每寫完一章就呈請余先生過目，看是不是「在正確的軌道上」（on the right track）進行，而不是胡扯一通。他說這個方向是對的，我就繼續寫下去。此外，史華慈教授對內容也有所批評與指點。猶記得他曾笑，我論文寫了大半，主角「李紱」還未粉墨登場，彷彿故佈疑雲的偵探小說。後來論文完成之際，史華慈教授卻難掩失望之情，似乎覺得偌多我在哈佛所浸潤的西學，毫不見蹤影，無從發揮。臨別之時，諄諄告誡有朝一日，應將中、西學問融為一爐。

　　但拙作整體而言，關鍵的還是余英時先生的指導。畢業數年之後，酌加增訂，幸運地被劍橋大學出版社接納出版，這起碼對得起師門了。

　　近來大陸有人要研究李紱，想翻譯這本書。[2] 我說：日本也有學者寫李紱，但自己還未取閱，應該可以參考。我想日本學者或

2　目前已有中譯本，但欠理想。

余先生與黃進興攝於余宅，2014年11月18日

余先生榮任政治大
學羅家倫漢學中心
榮譽講座，由楊瑞
松教授代表頒贈證
書，2019 年 9 月
30 日

余英時伉儷與黃進
興攝於余宅，2013
年 10 月 2 日

有不同的見解吧！李紱是清代陸王學派最重要的代表人物，但罕有人注意，相對隱晦。他是一個次要的思想家，因為是次要的，反而更能反映一個大時代的氣候。因為第一流的思想家、學者，往往超越那個時代，走在前面，要談朱熹、王陽明的哲學反映了當時什麼具體的狀況，並不容易；而李紱更能反映當時學術和政治的氛圍。

我求學時，哈佛大師雲集，遊學於各名師之間，雖其樂融融，但如前所述，實際上受史華慈和余英時兩位史學大家的教益獨多。記得有次余先生偶過波士頓時，有一晚電話召我聚談，難得有機會在名家前面表達己見，隨意暢談，只見余先生頻頻點頭說：「年輕人立志不妨高，但不要犯上近代學者鋼筋（觀念架構）太多，水泥（材料）太少的毛病。」那天深夜和余先生步行到唐人街吃宵夜，我聽余先生一再說：「做學問說穿了就是『敬業』兩字。」從古人的「聞道」到余先生的「敬業」，我靈光一閃，似乎看到近代學術的真精神。

年輕時，曾經有一段時間身體並不太好；一向很崇拜人道主義者——史懷哲（Albert Schweitzer, 1875－1965），夢想去非洲當無國界醫生。余英時先生聽了說：「你的身體這麼差，不要增加人家的負擔就很不錯了。」方才有所醒悟。後來，機緣巧合之下，我練起了羅漢功，身體大有起色。四十歲以後身體才慢慢變好。我太太說，嫁我很不值得，一年有半載都躺在病床上。學問做得很辛苦，練了羅漢功，沒想到身體就好了，總算度過了人生最辛苦的階段。

一九八二年，我完成了博士論文初稿，本來交上去了就可以

畢業，但系上秘書告訴我明年的獎學金已批示下來，爲了貪得多留一年在哈佛，我又將論文取回。其實，我的獎學金都是史華慈老師一手的「傑作」。他常怕我挨餓，有次竟然問：「有沒有食物吃？」爲了讓我一心向學，他安排了令我無憂無慮的獎學金。其他同學似不明就裡，只看到我整天閒蕩，逛書店、到外系聽課，不必帶學生、當助教，有點奇怪。

那年余老師復推薦我申請到國際朱子學會論文發表的機會，不意增長了不少見識。那一次大會值得大筆特書：大陸甫開放，代表團裡包括李澤厚、任繼愈（1916-2009）等著名學者，最引人注目的則是馮友蘭（1895-1990）。但在幾天的會議裡，大陸代表卻刻意與他區隔，在餐桌上他與女兒兩位孤零零地用餐，不明緣故的我，心裡很不忍。余老師、陳榮捷（1901-1994）老先生偶爾會過去跟他寒暄兩句。

日本方面的代表團陣容龐大，不容小覷，居中漢學泰斗島田虔次（1917-2000）教授更絕少出席國際會議。由於他唸過天津中學，中文甚佳，居間常有請益的機會，有回他言道，雖與余教授的學術論點不盡相同，卻不能不推崇他是當今中國最了不起的學者。這個評斷，迄今記憶猶新。

畢業返台不久，有天同門康樂突攜來一幅余老師的題字，說要給我留念。由於自認是書法的白癡，從不敢奢想老師的墨寶，不意竟有此意外的禮物。之後，每當夜深人靜獨處書房之時，逐常與這幅字兩相對顧，細細咀嚼其中寓意。余老師藉龔定庵（龔自珍，1792-1841）的詩，這樣寫道：「霜毫擲罷倚天寒，任作淋漓淡墨看，何敢自矜醫國手，藥方只販古時丹。」

霜毫擲罷倚天寒作

沸海淩雲墨氣何敢自稱醫

國手藥方只販古時丹

䕫空巖洞書事

遺興學弟　　癸亥　省華時

余老師題贈的書法

另外，鮮為人知的，余老師在耶魯任教期間，對臺灣民主與人權的發展，甚為關切；他且一度為美麗島事件（1979 年 12 月 10 日）投書《紐約時報》（*The New York Times*），替黨外仗義直言。有趣的是，當時代表國府立場反駁他的卻是日後當上臺灣總統的馬英九先生。

　　該時余老師為臺灣作育不少人才，他臨別哈佛之際，除了收了我，還有洪金富、丁友兩位同學。在耶魯時，更收了康樂、陳弱水、周婉窈等臺灣的留學生。他認為有必要為臺灣培養一些讀書種子。這些人後來回到臺灣也各自在學術教育界堅守崗位，不負所望。開放之後，他復積極栽培大陸年輕學子，為中華文化做薪火相傳的工作，此是後話了。

　　　　　　　　　　　　初刊於 2009 年 12 月，2019 年 7 月增訂

建立「海外文化王國」——
余英時先生1960年代的一個構想

王汎森

　　余英時先生1962年從哈佛畢業之後，先留校半年，接著很快得到密西根大學歷史系的教職。密西根大學時期的余先生，忙於中國通史、中國制度史等課程的教學之外，最重要的工作是寫成《漢代貿易與擴張》的英文書稿寫成，並交付出版社。另一件工作是將他的博士論文改寫成兩篇發表在《哈佛亞洲學報》，同時他也積極籌備著將博士論文擴充成一本英文書。除了計畫添寫序論「漢代的思想與生活」之外，余先生還積極選譯《太平經》的某些篇章，並計劃將桓譚〈形神論〉譯成英文附在書稿後面。這個階段的余先生因博士論文的關係，對早期道教很關注，經常提及《太平經》等書的研究，同時也為大英百科全書撰寫「張道陵」、「抱朴子」兩條。

　　以上的工作以漢代為主，但當時余先生也開始將研究推向先秦。當時李濟曾親訪余先生於密大，舉出《中國上古史待定稿》的若干思想宗教方面的題目，余先生答應寫四章，其中後來完成的一章，即《中國知識階層史論：古代篇》中的〈中國古代知識

階層的興起與發展〉。

我們可以想像在密大短短幾年中，余先生同時在趕兩本書，還在寫杜希德教授唐代財政史的長評等。所以他往往是白天在學校上課開會，晚上徹夜趕寫，經常忙到感覺世界好像不存在似的。在快離開密大時，他便對楊聯陞提到他想往中古史走，而當時他也答應度希德所主編的《劍橋中國史》寫北朝史的一章。

除此之外，至遲從1963年起，余先生頗熱心於鼓吹建立「海外文化王國」。我最初會注意到余先生這個構想，是在閱讀《楊聯陞先生日記》之時。2006年在我擔任史語所所長時，楊聯陞先生的夫人決定將楊先生的日記原本數十冊捐給史語所，哈佛燕京圖書館則留存了一份影印本。楊夫人交代日記入藏傅斯年圖書館之前，要由余英時先生看過。爲了等余先生2008年7月來中研院開院士會議並目驗日記，這部日記在我的所長室存放了近一年半，所以我有機會泛覽一過並留下若干筆記。

在瀏覽楊先生日記之時，我發現在1963年後的一段時間內，楊先生提到余先生有在海外建立文化王國的想法。1963年5月3日，楊聯陞日記：「收余英時信（有通信一篇）頗佳。但過於重視『士』之傳統，主張在海外建立文化王國。何不言自由國邦。」1964年11月12日楊聯陞日記上說：「今日收納孫及英時信，即覆。英時主張中國人在海外建立文化王國，余認最後中外協力建中國文化大國聯邦（Chinese Cultural Commonwealth），以認眞、虛心、合眾、求通爲憲章（genius, humble, united, universal）。」此外，在1964年冬天，余先生給老師楊聯陞的信中，再度提到「海外文化王國」。他說：「劉子健先生來訪時，曾暢談三小時，

論及海外文化王國，必推師爲首，餘人望塵莫及，生深韙無論，惟如何求擴張與發展則事至不易，除學人分途努力外，亦當彼此間大合作與配置也。」

從前面材料看來，1963-4年前後余先生最爲熱衷此事，且曾與劉子健先生在密西根商量過，並希望將來推楊聯陞爲盟主。此外，我注意到實現這個王國的步驟之一，是儘量幫助同學、師友們找到好的教職，所以他像一位大俠般岌岌道途爲他們找工作，還每每在給楊聯陞的信上說，希望老師如有能爲力之處儘量幫忙，這中間還包括幾位後來對余先生惡言相向的人。

在同一封信中也提到，這個海外文化王國，應該由楊先生「發蹤指示，爲後學開新徑，此最爲海外文運所繫，專題研究或論著雖亦需要，但可由後一輩爲之，如師法文新著之類，幅度不長而份量極重，最爲合適，不知師尚有類似之著述計畫否？」[1]這裡的法文新著當指楊聯陞在法蘭西學院的演講集《從經濟角度看帝制中國的公共工程》。[2]

但是自從我認識余先生以來，從未曾聽他提起過「海外文化王國」一詞。多年前，我曾好奇地問過他這個構想，余先生當時回答我，他曾在《明報》月刊寫過文章。我最初以爲是在《明報》月刊上有一篇題爲「海外文化王國」的文章，後來才發現是1963年4月在《祖國週刊》上所發表的〈釋「海外中華」〉一文。[3]

---

1 以上討論皆見〈余英時致楊聯陞函〉（1964.11.11）。

2 余先生晚年曾對我說，楊先生這個研究主題是一位英國經濟史家（M. M. Postan）建議的，他覺得這本小冊子處理問題非常深入、到位。

3 因爲《祖國週刊》雖然曾經被台灣准許進口，但因其中經常批評國民黨，所以時常遭禁，台灣的圖書館收藏的不全。感謝多年前區志堅教授爲我複印此文。

在余先生寫〈釋「海外中華」〉似乎是《祖國週刊》命題之作，而余先生在此文不但解釋何謂「海外中華」，並進一步提出他多時以來主張的「建立海外文化王國」。在這一篇短文開宗明義說：「所謂『文化王國』其義至顯，弟經多年觀察與體驗，不相信我們在最近後來可以在政治、經濟方面有何發展之可能，我們今日最能做與應做的仍是如何在文化上建立堅實的基礎。」為此，他反對進行任何政治「運動」，他說：「最近數十年來，我們有各式各樣的『運動』，但無一有真實的成就。」[4]

這篇短文分幾個部份。在第一部份，他一方面討論乾嘉學術的得失，認為十九世紀中葉以降，崛起的經世思想，「若外在之挑戰不若是之劇，則中國學術與社會本可望逐漸走上相互配合之途徑。然西方文化之衝擊過強，已非傳統之經世之學所能應付」，所以他說康南海的失敗不只是政治的，「更是思想的」。[5]

對五四以來的文史研究的成績，余先生認為它一方面「置中國歷史文化之大綱大目於不顧」，「甚至也不能傳佈到一般大中學歷史教科書中」、「僅浮在上層少數專家圈子中，和整個社會脫了節。」[6]同時在檢討當時大陸的人文研究時，認為太受馬克思歷史公式的拘束，而走上沒有生機的兩極。在文中他還提到無論中國歷史、思想、社會或制度的研究，不能單靠舊學基礎，同時也要有「新思想的指導」、「我們所掌握的理論武器愈多，則觀察的能

4　余英時，〈釋「海外中華」〉，《祖國週刊》（1963），頁4。

5　余英時，〈釋「海外中華」〉，《祖國週刊》（1963），頁5。

6　余英時，〈釋「海外中華」〉，《祖國週刊》（1963），頁5。

余先生與王汎森攝於余宅，2016年

力愈強。」[7]

　　「海外文化王國」的建立，當然是避免前述所講的重重缺失，而希望回答三個問題：一、何以中國思想上始終未能建立一個重心；二、瞭解中國人之所以為中國人的根本何在？要了解這個問題，便不能不從研究中國歷史入手；三、弄清楚中國傳統文化與社會的特點，並了解民主、自由、科學如何才能在中國文化中生根成長。余先生並呼籲此時不能從事政治「運動」，只能在文化方面努力。他說：「文化自不能不自追求正確的知識始。同時，

7　余英時，〈釋「海外中華」〉，《祖國週刊》（1963），頁6。

余先生攝於中研院史語所所長室，2008 年

我還有一層意思：即當略懂戰略，應知如何捨己之短而取己之長。求知識、談文化是我們的長處，搞運動則是我們的短處。這還是從主觀條件說的。從客觀方面說：我們身處海外的人，別的方面或許不及大陸上的知識分子，而唯獨在學術自由方面比他們強得多。我們可以暢所欲言，而他們則只能噤若寒蟬；我們能讀到一切新的學說，吸收任何新的知識，而他們則只許搞馬列主義（此只就社會科學、文史哲等言之），我們必須善用這一方面的優勢來爲未來中國學術文化之發展培養一些種籽。」[8]

8　余英時，〈釋「海外中華」〉，《祖國週刊》（1963），頁 6。

在這篇短文中，也反映了余先生當時關心的學術問題，如其中對於中國「士」之起源與發展的問題。當時余先生正向美國的密西根大學申請了一個研究項目：Origin and Growth of Chinese Intellectual Class，討論自春秋戰國至兩漢階段「士」階級之興起與發展。又如文中提到 Robert Redfield 的「大小傳統」的問題，也是余先生後來很關注的一個學術主題。至於「王國」一詞，隱然有西洋文藝復興的味道。文藝復興時期好用「王國」的概念，尤其是在海外建立某種王國。當然「王國」一詞也可能有柏拉圖共和國的遺痕，從余先生的回憶錄看來，此前幾年他在哈佛讀書時對文藝復興與柏拉圖共和國曾特別用功。

前面提到，〈釋「海外中華」〉認為在當時的中國，因為受政治及馬克思主義教條的束縛，不可能發展出健全的文化，而身在海外的讀書人，反而可以充分利用「學術自由」的優勢，充分吸收西方理論，在紮實的舊學基礎上，關注大綱領、大關節，而對現實日用人生提供解答，克服清代學問以來上學不能下達的困難，建立一個海外的「文化王國」。他心中的這個「海外文化王國」中，顯然包括許多堅實的學術研究，譬如他認為楊聯陞在法蘭西學院演講的小書是一個性質適中的例子，同時也希望有那麼一批問題，由一群王國中人勉力進行，庶幾可以對中國歷史、思想、社會或制度得到更深入的理解。正如他在給楊聯陞信上所顯示的想法，當時一批學術新秀來美工作，他很想藉師友之力來栽培可用的人才。

這篇文章始終重視「文化」的建立，希望過去「第三勢力」的朋友擺脫在當時現實環境下不可能有進展的政治運動，應該致

力於在海外建立一種「文化勢力」，而其終極目標應該要在社會上建立思想的重心，再以新的思想重心建立起新的社會重心（余先生說希望「知識分子能成為社會重心」，並認為西方社會重心從未斷過）。

在海外建立文化王國的想法，此後幾乎不曾再出現在余先生的文章中。在我認識余先生的三十七年時間內，也從未再聽余先生提起，所以我原本未恰當估計它在余先生思想歷程中的位置。然而，幾年前我偶然注意到余先生在《明報》月刊創刊三十五週年（2001年1月）所寫的〈晚節與風格〉這篇短文，回憶他與《明報月刊》密切的關係時說：《明報月刊》創刊的1966年，他當時人在美國未能恭逢盛事，「但是我還記得我在1962年至1963年間給香港友人所寫的幾封信，曾在《明報月刊》上刊載過。題目也是朋友代為擬定的，大概是〈論海外中華〉。因為我從未將這些收進文集裡，手頭也早已無存稿，所以記憶不免模糊了。『海外中華』是我當時一種空想，大致認為中國文化在本土一時沒有機會發展，只能在海外由中國知識人承擔起這個任務。」余先生還說這篇文字在美國曾經引起反響，有人把它節譯成英文在紐約的一個留學生刊物中發表。余先生並表示以後有機會，他也許會找出《明報月刊》來重讀一遍。

由此可見，余先生晚年仍相當注意三十多歲的這個「空想」，但是1962、63年時期《明報月刊》尚未創辦，所以這篇通信其實不是發表在那裡，而是發表在《祖國週刊》。後來在《明報月刊》一卷四期（1966年4月）中，編者將它刪節過後，與余先生其他幾篇書信放在一起，以余先生的名義，用〈涵養新知，商量舊學〉

余英時院士與普大校長合影

於王汎森留美宿舍，1991年10月28日

余先生與王汎森合影，2015 年

的標題刊出。[9] 值得注意的是，編者把〈釋「海外中華」〉中涉及「海外文化王國」的部份刪掉了。

　　當然，余先生所說的這個「空想」，也折射出他始終對現實的關注，希望透過學術、文化工作成爲一種影響現實力量的抱

9　見《明報月刊》1：4（1966.4），頁 2-7。

負。而先前在香港參與「第三勢力」的經驗，也在某種程度的延續余先生在自己的回憶錄中說，香港「第三勢力」是「企圖在國民黨和共產黨兩個『專政』政權之外，建立起一個以民主、自由、人權等普世價值爲終極目標的精神力量。我當時還是一個在學青年，而且生來對於政治組織沒有興趣，因此『第三勢力』的大大小小聚合，我一次也沒有參加過。……但是在政治思想上，我卻是同情『第三勢力』的。因爲我深信中國必須建立一個開放與寬廣的民主體制，才能走上現代化之路。」[10]余先生認爲人不一定要屬於或屈就文化，而認爲文化爲個人的生活而存在，所以即使不在中國的土地上生活，也可以在海外的土地上創造一個文化的中國。陳弱水在〈回憶耶魯歲月的余英時老師〉一文中提到：「譬如有一次觸及『文化』或『中國文化』的問題，余師立刻強調文化是爲生活而存在、而服務的，不能顛倒過來，讓生活屈就文化。」而且自始自終，在國、共之外建立文化王國或某種足以抗衡集權政治力量的想法，與余先生的學術工作如並行之兩翼。

　　這或許也可以從1970年1月20日給老師楊聯陞的信上所說的，「近思所作仍是俗學」看出一點端倪。雖然這只是單辭片字，但我始終認爲透露了重要的意義。我推測余先生所謂的「眞學」，應該是能相當程度結合學術與現實的工作。這個猜測是否正確？可能要待以後更多材料才能印證了。

10　余英時，《余英時回憶錄》（台北：允晨文化，2018），頁129。

余英時論中國文化和自由民主接榫的精神資源

丘慧芬

　　余英時先生2021年8月1日離世的消息公佈後，不但西方、日本與中文知識及文化界都有追思的文章與紀念論壇來回顧他走過的學思之路和卓越的學術貢獻，[1]有關他的首部傳記和訪談錄也

1　因敬悼的文章與追思紀念會相當多，此處僅以幾個例子為代表：在美國有 *New York Times*（紐約時報）特別請他們的專欄記者 Chris Buckley 在 2021 年 8 月 13 日訃聞欄頁 B10 寫了一篇長文介紹余先生的學術成就與貢獻；*Financial Times*（財經時報）中文網 8 月 30 日 15：00 也登出趙尋撰寫〈余英時留給中國大陸的大哉問〉的專文，網址為：http://www.ftchinese.com/story/001093745?adchannelID=&full=y&utm_source=HRIC+Updates&utm_campaign=a5a9891d3c-HRIC_DAILY_BRIEF_COPY_01&utm_medium=email&utm_term=0_b537d30fde-a5a9891d3c-250138429；另有美國普林斯頓中國學社在 2021 年 8 月 28 日主辦的追思紀念會，見：https://www.youtube.com/watch?v=0jBfkWlWP9c；在台灣有聯經出版社主辦、台灣《思想》雜誌、香港《二十一世紀》雜誌協辦以及《報導者》、《端傳媒》、《風傳媒》和社交媒體 Matters 的共同協力在台北時間 2021 年 9 月 4 日及 5 日舉行了兩天《敬思想史的傳薪者——余英時先生紀念論壇》，報導見 https://www.linking.vision/?p=4252，有關的資料整理見：https://matters.news/@Zhizhu_2019/敬-思想史的傳薪者-紀念余英時先生的線上論壇資料整理-一-bafyreihbbs2gwechevi3snveagvvndyysknvhi3ktu4ugz4ewfepu4pf7u；在香港，《明報月刊》2021 年 9 月號刊出〈一代文化巨星的殞落：敬悼余英時先生〉的特輯，並邀請余先生好友及學生撰文紀念。筆者要特別謝謝香港中文大學周保松教授惠贈此一特輯。筆者也要謝謝余師母陳淑平先生告知日本《朝日新聞夕刊》在 2021 年 10 月 27 日在「會員記事」欄刊出村上

都在之後的兩、三個月相繼問世。[2] 更有余先生的學生以「不剃鬚」的方式爲老師守喪。[3] 余先生以九十一歲高壽在睡夢中安詳過去是余師母陳淑平先生所說「能無疾而終」的「福報」,[4] 不過華人社會,特別是中國大陸知識與文化界在獲悉這個消息後仍有許多難掩的哀思與敬悼之情。這樣不比尋常的悼念之情,從北美、香港、台灣和中國大陸各地學者及文化工作者在余先生逝世一個月後參與臺北聯經出版社主辦《敬思想史的傳薪者——余英時先生紀念論壇》上的發言也都清楚可見。[5]

　　不認識余先生的人,看到一位學者受到這樣的景仰和追思大概會問到爲什麼會有這個他們可能從來沒見過的現象。對我來說,這個獨特現象的出現和余先生一生爲追索中國文化的現代命

太輝夫 10 月 23 日寫的訃聞短文。短文題目是:〈(惜別)余英時さん　米プリンストン大學名譽教授〉。文中用了「巨星墜落」的象徵來刻畫余先生離世對華人世界的損失,同時並介紹了余先生的生平、論著以及其對共產主義的批判立場。見 https://www.asahi.com/articles/DA3S15087266.html?iref=pc_ss_date_article

2　見臺北印刻文學出版社在 2021 年 10 月發行由北京清華大學周言所寫《余英時傳》。臺北允晨文化出版公司接著在 11 月中旬也發行由李懷宇在余先生生前所做訪談的《余英時談話錄》。

3　這位學生是中央研究院院士黃進興教授,目前亦為中研院副院長。不剃鬚是他在接受採訪時提到的守喪方式。見黃進興,〈至聖與先師——追憶已故史學泰斗余英時〉,臺北聯合新聞網,2021-11-13 10:00／研之有物,採訪撰文者為莊崇暉、郭姵君;美術設計為林洵安。網址:https://udn.com/news/story/12681/5887730

4　見丘慧芬,〈「為追求人生基本價值而付出努力」的典範知識人——敬悼余英時先生〉,刊於《聯經思想空間》,2021 年 8 月 13 日。網址為 http://www.linking.vision/?p=2532

5　有關這個紀念論壇的發言,見 Matters,〈敬思想史的傳薪者——余英時紀念論壇資料整理〉,https://matters.news/@Zhizhu_2019/敬-思想史的傳薪者-紀念余英時先生的線上論壇資料整理-一-bafyreihbbs2gwechevi3snveagvvndyysknvhi3ktu4ugz4ewfepu4pf7u

余先生與丘慧芬攝於余宅，2019 年

運所付出的努力和研究成果，以及他無懼中共政權總是堅持以自由民主的原則爲公義發聲並且熱心助人的行動都是密切相關彼此相連的。熟悉余先生的人都知道他在學術思想上的成就讓他在獲得 2006 年美國國會克魯格史學人文獎時被譽爲是「我們這一代最了不起的中國思想史學家」。他的批判言論和助人行動也讓他在 2014 年獲得首屆唐獎漢學獎的褒揚時被稱作是一個「公共知識分子」。[6] 這兩個讚譽的指謂雖然不同，但卻給了我們充足的理

6　這些讚譽的資料，見丘慧芬，〈承負、詮釋與光大中國知識人傳統的余英時〉，刊

由去將余先生看做是華人社會中「創造的少數」和一個良心的代表，[7] 進而肯定余先生是中國知識人價值傳統的承負、詮釋與光大者。[8] 根據這樣的理解，筆者也認為余先生近七十年的歷史書寫和時論文字為儒家人文傳統在現代的存續找回了原有之魂。這個原有之魂，指的就是余先生針對春秋時代由孔子開啓「內向超越」途徑使每一個人都可以接觸「道」或「天道」並與之合而為一所提出的突破創見。孔子相信每個人內心都有得自於天的「仁」或者「德」。通過內心的仁或德，每個人都可以努力去和價值本源的超越之道產生直接的連結。這個往內尋求價值本源的「內向超越」，一方面突破了孔子之前只有君王可以與天合一的權利，一方面也為儒家思想建立了天道是向每個人開放的基本立場。正是在這個意義上，筆者認為余先生2014年討論「天人之際」的專書就不僅可解讀做是一本說明中國文化何以稱得上是「軸心文明」的代表作，也應該看做是為儒家人文傳統找回原有之魂的一部原創論著。據此，我們也就可以再進一步將這個原有之魂解釋做是

於林載爵主編，《如沐春風——余英時教授的為學與處世——余英時教授九秩壽慶文集》以下簡稱為《如沐春風》，臺北聯經出版事業股份有限公司，2019，頁64-96，特別是頁67-68。

7　余先生曾引湯恩比（Arnold Toynbee）「創造的少數（creative minority）」一詞來刻畫中國古代一些少數的「士」。因為他們在彼時佔有主導歷史潮流的地位。見余英時，〈道統與政統之間——中國知識分子的原始型態〉，載氏著《史學與傳統》，臺北時報文化出版事業有限公司，1982，頁53。余先生在此書所載〈中國知識分子的古代傳統——兼論「俳優」與「修身」〉一文中亦將西方近代知識分子批評社會之憑藉往往只是個人的「知識良心」（頁77），顯然，余先生認為知識分子的批判言論代表了一個社會的良心。

8　見丘慧芬，〈承負、詮釋與光大中國知識人傳統的余英時〉，刊於林載爵主編，《如沐春風》臺北聯經，2019，頁64-96。

余先生攝於余宅，2014 年

古典儒家認為天道之前人人平等的一種原初精神。[9] 顯然，這種原初精神標示出的是中國文化內部的一個獨特面向。更關鍵的是，這個面向原本已經內蘊的普世價值正是因為透過余先生在這本 2014 年專書中的探勘追索才清楚完整的呈現了出來。如此看來，余先生採用德國哲學家雅思培（Karl Jaspers, 1883-1969）所說「軸心文明」的概念來論證中國文化本有的普世價值實在是其來有自、且又順理成章的。其實，只要仔細閱讀余先生 2014 年《論天人之際——中國古代思想起源試探》的這本代表作，就會

9　原有之魂是筆者在〈「為追求人生基本價值而付出努力」的典範知識人——敬悼余英時先生〉的文章中提出的。網址：http://www.linking.vision/?p=2532。

發現他是根據孔子、孟子和莊子思想中對天、人可以「合一」的相近看法去探究說明這種原初精神內蘊的旨意。因為筆者已有另文探討余先生這本專書的原創意涵，此處就只提出基本重點而不再贅述。[10]

　　然而，必須指出的是，余先生並非只在他2014年的專書中討論中國文化中最突顯的特色，事實是他在1984年就已經發表了一篇討論中國文化特色的重要專文。他當時寫到中國文化是「把人當作目的而非手段」，而且認為中國文化的發展顯示出每個人自身都有他或她的「道德價值」。同時又引用孟子「人皆可以為堯舜」和王陽明「滿街皆是聖人」的說法來表明中國文化事實上已經發展出明顯的「平等意識」。他接著提到孔子對「為仁由己」的堅持以及其後持續出現的「講學議政」現象都是中國文化在春秋戰國時代發展出的一種「自由傳統」。[11]余先生當時雖然指出中國文化本身發展出了平等意識和自由傳統，但他主要的目的

10　見丘慧芬，〈傳統的「創造性轉化」：從余英時「天人合一的新轉向」說起〉，《思想》，38期，臺北聯經，2019年9月號，頁39-85，特別見頁48-65；另可參考丘慧芬，〈承負、詮釋與光大中國知識人傳統的余英時〉，林載爵主編，《如沐春風》，臺北聯經，2019，頁64-96，特別是頁72-79。

11　這篇1984年的專文原為余先生在臺北中國時報舉辦的系列講演中提出的一個總結。中國時報當時因為此文的影響極大，且為「一般有識之士」稱作是「世紀大文章」，即「鄭重」刊載於該報1984年元旦的報刊，隨即又以單行本印成發行。見余英時，《從價值系統看中國文化的現代意義》，臺北時報出版公司，1984。有關此專文以單行本發行之說明，見該單行本專書頁1-2。平等意識與自由傳統的引文見單行本頁82。此單行本著作後收入余英時《中國思想傳統的現代詮釋》，臺北聯經出版事業公司，1987，頁1-51，此處引文見頁36。余先生後來在其1995年由臺北三民書局出版的《中國文化與現代變遷》一書第12章中討論中國近代個人觀的改變時，也提到胡適認為孔子「為仁由己」的說法「相當於一種自由意志」，見該書頁204。

卻是在表明這個平等意識和自由傳統「都是中國民主的精神憑藉」，而且都是「可以通過現代的法制結構而轉化爲客觀存在的」。[12] 顯然，余先生當時的核心考量是要說明中國文化經由孔子、孟子和其他諸子在先秦的講學議政所發展出的平等意識和自由傳統，和西方現代的自由民主在精神上是相通相合而不是悖反互斥的。更重要的是，他堅持這兩個傳統的精神資源完全可以經由結構性的轉化而在現代法律制度中成爲眞實客觀的存在。從這個角度來看，我們就可以明瞭爲什麼余先生在他不同的論文和專書中，經常會強調儒家以人爲本而發展出的人文思想可以做爲現代中國發展自由民主的基礎性資源。也就是說，他認爲「人文與民主」可以做爲互相支援的力量去協助建設一個合理及健康的現代中國。[13]

應該指出的是，余先生對中國文化傳統中的平等意識和他有關講學議政之自由傳統說法絕不是出於一種隨意的比附。早在1950年代他其實就已經注意到中西觀念都有各自不同的歷史脈絡，而且他也清楚「即使同樣的名辭其涵義也難免有些出入」。不過，他同時強調不同系統的思想史確實會有內涵互通的共同觀念。因此，只要研究有需要，援引西方觀念來支持或是說明自己的論證，完全是可以成立而不應看做是曲解原來不同系統觀念的

---

12 見余英時《從價值系統看中國文化的現代意義》單行本，1984，頁82；余英時《中國思想傳統的現代詮釋》，1987，頁36。

13 筆者在〈承負、詮釋與光大中國知識人傳統的余英時〉一文對此已有說明，見林載爵主編，《如沐春風》，2019，頁89-90。關於余先生本人在不同論文中對此一看法的解說，見其《人文與民主》一書中的文章，臺北時報文化，2010。

一種穿鑿附會。[14] 余先生後來在說明自己如何詮釋中國思想傳統在現代的意義時，也主張研究中國的思想傳統「必須通過現代的詮釋才能在世界配景中顯出它的文化特色」。他還特別指出在詮釋的過程中，我們不可能、也不需要「避開西方的概念」。而且他本人在研究中即使會引用西方概念和學說，這些概念和學說事實上也都只有「緣助性」的作用，完全不影響他的基本立場。他說的這個立場就是根據具體的歷史材料和「中國傳統及其原始典籍內部中所呈現的脈絡」去研究中國傳統的動態以彰顯其獨特面貌的一個原則。[15] 余先生這裡強調的立場是從研究方法的面向來進行歷史研究的一個基本原則。不過，從歷史研究的實質意義來說，我們就會發現他在1950年代初期的一個陳述中也提出了他本人的一個明確立場。他當時說：「我是偏袒人文主義的」，又說他「堅信歷史文化的最大意義乃在於它提高了人的價值」。[16] 余先生這個信念顯然成了他一生追索中國文化內部本有的平等及自由精神資源如何可以通過現代民主的法律制度來具體落實的根本動力。

有趣的是，余先生在他1984年專文出版後的三十年間雖然不斷有重要的論著問世，但一直要到2014年他發表《論天人之際》這本著作去追溯古代中國思想史的起源時，我們才會看到余

---

14 見余英時，《文明論衡》，臺北九思出版公司1979年根據1955年版本重新刊行，此處討論可參考頁59-60。

15 見余英時為其《中國思想傳統的現代詮釋》一書所寫之「自序」，臺北聯經，1987，頁1-8，引文見頁7。

16 見余英時1953年出版《近代文明的新趨勢》一書第一章，收入《余英時文集》第6卷，廣西師範大學出版社，2006，頁125。

先生提出關於孔子如何突破由君王壟斷天命的權利並轉向去開啓「內向超越」且確立「天命個人化」的系統性論述。這個論述雖然以孔子爲思想史的啓動者，但也涵蓋孔子之後孟子與莊子都一致肯定天命是向每一個個人開放的立場以及余先生自己對此一立場的細緻說明。事實上也是因爲通過這個完整的系統論述，我們才有更加充足的理由去判定余先生的確是認爲中國文化的原初精神內蘊一種具有本體意義的平等意識。這裡我們可以追問的一個問題是：余先生對他關於中國古代講學議政的自由傳統是否也提出過同樣完整的系統性說明？

眾所周知，不論是孔子、孟子或是莊子或是其他先秦諸子，都曾經針對他們所處的時代從不同的角度提出批判性的言說。我們也都知道，儒家自孔子出現在中國的歷史舞台之後，就有一種「以道自任」的理想精神使他們可以超越己身、甚至可以超越群體的利益去針砭時弊，並發展成余先生說的一種「對整個社會的深厚關懷」。[17] 這樣的關懷，不但呈現出「一種近乎宗教信仰的精神」，[18] 也有助我們了解孔子和之後儒家知識人的批判性言論何以會吸引許多願意跟從他們學習的弟子門生。毫無疑問，孔子本人是這個以道自任的原創者，更是以道議政的一個原型代表。我們只要閱讀《論語》，或是之後的《孟子》，就會看到孔子與孟子對當時政治的批判言論都和他們講學的內容互有關聯，而且他們講

---

17 見余英時，《中國知識階層史論》（古代篇），第一章〈古代知識階層的興起與發展〉，臺北聯經，1980，頁1-108，引文見頁39。

18 同上，頁40，特別見該頁之註89。

學的內容也都留傳後世成了儒家傳統中的兩個重要的經典文本。不過，我們此處更需要關注的焦點卻在：孔子、孟子或當時的其他諸子，在對各國君主的治理提出批評的議論後都可以合則留、不合則去的事實。這個事實當然就是余先生筆下講學議政所揭示出那個「自由傳統」的指標內涵。不過，對余先生來說，要真正深入這個自由傳統的精神底蘊就必須注意其中涉及的一個制度面向，那就是戰國時代稷下學宮的出現。

余先生是在他1980年出版《中國知識階層史論》古代篇專書中的第一章探討了稷下學宮在齊國興起的歷史背景。余先生同時也說明了這個學宮的發展和其代表的重大意義。[19] 他指出，稷下學宮的出現和戰國早期各國君主為了富強而禮賢的現象有不可分割的密切關係。當時為了爭取一些自由流動的賢士之助，有些君主既可以將願意「居官受祿之士」收做臣子，也可以和一些無此意願之士建立起介乎於「師友」之間的關係。那些堅持以師或友的關係做為和君主往來之士，就展現出余先生所說以道自尊，或堅持道尊於勢，甚且以道抗勢，或以道抗位的一種態度與立場。至於一些絕對不肯和政治權威妥協之士也自然會成為君主眼中具有「高度危害性」的人物。余先生指出就是在這個歷史脈絡之下，彼時的齊國為了舒緩「道」與「勢」之間的張力，同時更為了能獲得賢士之助以強兵富國，才會出現建立稷下學宮的創舉。

有關稷下的史料雖然有限，但根據余先生的說明，我們知道

---

19 余英時，《中國知識階層史論》（古代篇），1980，有關稷下學宮的興起、發展和意義見第一章〈古代知識階層的興起與發展〉，頁57-76，特別是頁62-75。以下有關的討論皆出自此，請逕行查閱。

游學稷下者在當時會被稱做學士，他們的前輩就被稱做先生。這些稱謂表明齊國當時的君主，亦即齊宣王，不但沒有將他們視為官僚系統中的從屬臣子，反而給了他們「爵比大夫」的禮遇。因為有了官方在制度上給予的禮遇，這些稷下學士也就可以享有游學講學和「不治而論」的真正自由。換句話說，就是可以自由的對彼時國事或政事提出尖銳的批判性議論。稷下學士的生活既然有所安頓，而且議論政事的自由也獲得制度性的保障，余先生因此判定稷下學宮做為一個制度的出現，特別是學宮給予自由議論制度性的保障已經顯示古代士的功能至此確實「發揮到最大可能的限度」，他因此也認為學宮「在中國文化史上」已經明確建立起了一種「永恆的」意義。余先生非常清楚這種自由議論且以道抗勢的黃金時代在秦國統一各國之後就成了再也不能復返的曇花一現。他當然也清楚秦漢有「博士制度」的設立。不過，對他而言，秦漢雖然建立了博士制度，而且形式上也保存了戰國養士的傳統，然而，博士和稷下學士卻已經有了根本性的歧異。因為博士在秦漢官僚組織中已經成為不折不扣的一名屬官，根本不復再有稷下學士那種「不治而論」的自由身分和地位。正是秦漢博士這種性格上的質變，讓余先生毫不猶豫的斷定戰國講學議論的自由傳統到此就等同終結而無以為繼了。余先生當然知道秦以後的中國歷史仍然出現過無數知識人議政的批判言論，但他們論政的結果多半都以悲劇收場卻也是不爭之實，更不用提帝制中國崩解後的現代知識人，特別是1949年以後知識人在毛澤東統治中國大陸下曾經遭受的不堪遭遇了。我們都知道，中國大陸1980年代後已經告別毛時代的極端社會主義，但當中國大陸今天仍然要

以強勢維穩做為政權鞏固的必要手段時，言論自由顯然不是任何個人可以視之為當然的基本權利，遑論爭取言論自由所需付出的代價。對照之下，中國文化本有的平等意識和自由傳統明顯是只有在今天的民主台灣才獲得了法律上的具體落實。當然，台灣的民主還有各種難解甚至無解的問題，但毫無疑問的是，台灣公民基本人權和言論自由的確已經受到法律上的維護和保障。這個事實一方面印證了余先生對中國文化本有的兩種精神資源是完全可以和現代自由民主接榫的論斷，一方面也顯示他的研究對我們理解人文與民主在現代可以互相支援且共同發展仍然具有深遠的相關意義。僅僅只從這個角度來看，我們應該也可以再次肯定的說余先生一生對中國文化現代命運所進行的探索和研究確實為我們這個時代留下了一座難以超越的里程碑。

2021 年 12 月 3 日

二○二一，春風遠矣──敬悼余英時先生

唐小兵

> 真正的史學，必須是以人生為中心的，裡面跳動著現實的生命。──余英時，《史學、史家與時代》

　　2021年8月5日對我是晴天霹靂的一天，剛到辦公室沒多久接到一個友人電話，告知余英時先生於8月1日凌晨於普林斯頓在睡夢中溘然長逝，享年九十一歲。放下電話，與余先生有關的各種記憶與細節紛至遝來，萬千心事誰訴？我情不能自已而致痛哭失聲，恍恍惚惚中度過一整日。窗外綠意蔥蘢，濃陰匝地，在幾乎空無一人的暑期校園裡，陽光穿越濃密的樹葉灑落在地，斑駁的光影彼此錯落，不遠處是如茵草坪及靜靜矗立的第一教學樓。這靜謐悠遠的場景都會讓我不斷回想2018年7月15日的普林斯頓余府周圍的草坪與陽光，也是一樣的綠意彌漫，陽光溫煦，仿若世外桃源，更像是新冠疫情來臨之前的黃金時代的最後一刻。我當時在先生家逗留的兩個小時，會在今後的人生不斷被細細回味。我發了微信朋友圈哀悼後不斷有朋友勸慰我不要太難

過，都說余先生是高壽且無病無痛夢中離世是有福之人，而且他一輩子著作等身影響華人學界至深且巨，精神生命早已永恆。這些道理我都明白，可仍舊覺得心裡面彷彿突然崩塌了一大塊，空空蕩蕩茫然無歸。余先生活著，我們的心裡就會有一個遙遠的掛念，同時也是一種巨大的安慰，這些年每次跟他簡短通話都會讓我感受到鼓舞，那種潤物無聲讓人如沐春風的溫暖，是只有真實接觸過先生的人才能真切感受到的。如今，春風遠矣！

說實話，不像我的一些同齡人尤其同門學友很早就接觸余先生的作品，我是很晚才開始閱讀余先生的著作。我記得應該是2002年的上半年，因偶然機緣與許紀霖老師通信，新聞系本科畢業在一所師範學院中文系教書的我，無知者無畏，向許老師提了好些關於中國傳統文化與西方文明如何融合的大而無當的問題。許老師在回信中建議我除了李澤厚，要多閱讀錢穆、余英時等學人的著作來深度瞭解中國的文化傳統。從那一刻起，余先生的名字就開始在我的心靈裡紮根，我也有意搜求余先生的作品來閱讀。等我2003年秋天到上海華東師範大學讀研，余先生的作品就成為我們這些研究現代中國思想史的青年學子的必讀作品。我還記得《朱熹的歷史世界：宋代士大夫政治文化的研究》出版後，在許老師的課堂上我們專門討論過一次，此外，在思想史研究方法論的課堂上，我們也跟隨著許老師深入研讀和討論過余先生的《中國思想傳統的現代詮釋》一書。余先生的治學兼有考證細密和義理豐贍的特質，而其史學語言又清雅曉暢，要言不煩，節制表達中自有一種綿密的引力，自然最能夠讓我們產生強烈的共鳴。

從研究生時代起，余先生就成為我高山仰止的學界前輩，其學術、思想與踐履型人格都成為我輩楷模。不過，儘管如此，我從未想像會有跟余先生私下交流的緣分。他是遠在大洋彼岸普林斯頓小鎮的一代史學宗師和人文巨匠，而我則是一個藉藉無名的青年學生（後來留校任教成為青年教師），我們之間橫亙著千山萬水的距離。我追隨著先生的腳步，讀他的新作、新的文章和訪談，也常常從師長輩那裡聆聽關於先生行止言談的吉光片羽，常常為之會心愜意並深受啟迪。2011 年 12 月 17 日是余先生曾經專門研究過的民國知識分子領袖胡適（見《重尋胡適歷程：胡適生平與思想再認識》）誕辰一百二十週年的日子，那一年我愛人從湖南初到上海，任職於《東方早報》文化部，深度參與了對於胡適的紀念專輯的採訪與寫作。當時報社部門領導提出要訪問余英時先生，初到上海工作的她自然沒有門徑去採訪先生，不得已從之前訪問過余英時先生的友人李宗陶處找來先生的電話與傳真號提供給她。我們將擬好的採訪問題傳真給余先生，年事已高的余先生潛心學術寫作，一般不接受訪問，但一來因為與《東方早報》專刊「上海書評」有深厚的情緣，二來也因為擬定的問題激起了他老人家在這個重要的時間節點談談對他影響深遠的胡適的興趣。他作了詳細的書面回應並傳真給我們。一來二去，甚至可以說張冠李戴，我就與余先生算是有了一些「緣分」，偶爾也會打電話問候和請教於他。儘管從未謀面，他對於我卻極為親切和信任，常在電話裡跟我談治學之道、當代中國知識分子狀況和家國天下情懷。我記得有一次他推薦我要做好現代中國知識分子研究，就得認真研讀陳寅恪先生的《元白詩箋證稿》。2009 年博士

畢業留校任教，根據系裡安排，我講授了一門面向歷史系學生的必修課「中國文史原著講讀」，所用的參考書就是余先生先後在香港牛津大學出版社和北京三聯書店出版的《中國文化史通釋》，學生從書中獲益良多，可惜2014年秋天後余先生的著作在大陸全面下架，我的學生也因緣際會而擁有了「禁書」，這是讓人啼笑皆非哭笑不得的「擁有」。一扇從余先生的作品去瞭解中國歷史文化的視窗就此關閉了，但有心求知向學的年輕人總會想方設法，突破文網去尋找余先生的作品和文章來研讀。去年秋天，我給研究生開設「中國文化史專題研究」的選修課程，與近二十位同學共同梳理了從錢穆先生的著作到余英時先生的作品再到王汎森、羅志田等前輩的著述的學術脈絡和方法傳承，推薦學生精讀了余先生《宋明理學與政治文化》、《中國思想傳統的現代詮釋》等作品，也可謂從學生身分到教師身分，對余先生所傳承和發揚光大的中國思想文化史學術傳統的自覺接近。余先生學問如大江大海，我和學生能夠從中汲取滄海一粟管中窺豹，也足夠滋養一生了。

2017年秋天，我獲得到哈佛燕京學社訪學的機會，剛到波士頓就跟余先生通了電話，他很高興我能夠到其曾經任教過的哈佛大學訪學，並歡迎我去他家做客。因為獨自帶著小兒明峻訪學，他又在公立小學上學，很多假期哈佛燕京學社都有周密而妥帖的安排，再加上我初次到美國，人生地不熟語言也不大通，也就不敢輕舉妄動。一直遷延到第二年夏天返回中國之前，我才得償所願攜家人終於踏上了通往普林斯頓之路。不過，在那之前，我常有機會與先生通電話，談天說地信馬由韁，但其實往往不脫

治學與家國，這種常常是隨興所至卻每有創獲的交談，成了我在波士頓最珍惜也最奢侈的精神生活。2018 年 7 月 15 日的下午，依照約定時間我終於可以去我心目中的中國思想文化史研究的重鎮普林斯頓拜訪先生，心情自然是一種難以言傳的歡愉與忐忑。我記得從新澤西住所出發去普林斯頓的那一個午後，是朋友 Marvin 駕車帶我們全家去的。路上風雲突變，大雨滂沱，車子是從一片水霧迷濛中前行，前行的道路依稀難辨，路途之中接到余先生的夫人陳淑平老師的電話，囑咐我們注意安全，晚一點到達也沒有關係（之前約定了下午三點登門拜訪，余先生一般是晚上工作，上午休息，而下午接待訪客），這讓我們特別感動。這種細節之中的眞 關切，最能彰顯民國文化滋養出的一代知識人待人接物的溫情與周到。

　　等我們快到普林斯頓小鎮時，天色爲之一變，雨後天晴風和日麗，藍空如洗，綠草盎然，那一刻眞感覺有如神啓般的感恩與驚異。我們兜兜轉轉終於找到了幽靜如桃花源的余府，陳老師早已站立在草坪上等候我們了。我們一行五人，除了我們一家三口，還有同在哈佛燕京訪學，早年畢業於普林斯頓大學東亞系且此時正好又回到了普大短期訪學的徐蘭君教授，以及紐約的朋友 Marvin。神清氣朗穿著短袖淺藍色襯衫的余先生在門口等候我們，我終於見到了先生！那一刻的心情難以言表，既興奮、歡欣又充滿著珍惜之情。我深知有太多的人想拜訪余先生，而余先生年近九十，仍舊筆耕不輟，新作不斷，他的每一分每一秒都彌足珍貴，而他願意拿出一個下午來跟我這個從遙遠的故國來的青年學者漫談，這是一種怎樣的信任、關切和提攜後學的長者情懷！

門外草坪上是一個養著金色鯉魚的小水池，陳老師引導我們短暫駐足，觀看那些一天到晚游泳的魚兒，也告訴我們附近時常有鹿兒出沒。落座後，我們就跟余先生自然地交談起來，陳老師也端上了精心準備的茶點和茶水。讓我極為感動的是，余先生、陳老師為我們一家人分別準備了禮物，給小兒明峻的是余先生晚年長期任教的普林斯頓大學吉祥物——一隻棕黃色的毛絨小老虎，給我愛人的是一個印著 "Knowledge is power" 字樣的青白相間精緻瓷碟，而給我的則是余先生親自為我撰寫的一幅字，抄錄的是陳寅恪先生1964年給其晚年最器重的弟子蔣天樞教授新著寫的序中的一段話。這段話講述了歐陽修撰寫五代史記而改變了五代十國那種澆漓士風，讓士大夫重返一種貶斥勢利尊崇氣節的醇正之風氣中，並重申了文化比權力更有尊嚴、學術比政治更有生命的主旨。（余先生曾經在一個訪談中提及，作為一個畢生致力於中國歷史文化研究的學人，他寧可出現在他人嚴謹學術著作的註腳裡，也不願意出現在某一天報紙的頭條中。這透露了余先生的出處與取捨，也是他一生能夠給後世留下如此博大精深的學術成果的奧秘。）當陳老師將這個條幅在我們面前展開時，我內心極為感動，甚至羞愧於自己何德何能，哪配德高望重堪稱士林領袖的先生花費如此精力和心血寫下這一幅字?!那一刻，我分明感覺到了先生對我們這些來自中國大陸的年輕一代學人的期許，字裡行間都是一生為故國書寫歷史的余先生的文化關切與淑世情懷（我不由想起余先生接受香港電台訪問脫口而出的一句經典名言：「我在哪裡，中國歷史文化就在哪裡！」）。這一次拜訪余先生本來是完全隨意無目的的，直至到了啟程拜訪余先生之前不久，臺

余先生伉儷與唐小兵等攝於余宅，2018 年 7 月 15 日

灣《思想》雜誌錢永祥先生得知我有這個計畫，特意囑咐我對余先生做一個關於五四百年的訪問，並言《思想》雜誌雖然每一期都刊登對兩岸三地乃至歐美華人學者的訪問，但創刊至今尚未能夠有幸訪問余先生。我因為研究現代中國思想文化史與知識分子史的緣故，之前讀到過余先生關於五四的多篇名文，深感先生對於五四精神與歷史內涵的闡發，常別出心裁而又深具史識且能開闢出一些可以深耕細作的研究新論域。作為《思想》多年的作者和讀者，受惠於這本雜誌的思想與學術啟迪很久，自然應當飲水思源義不容辭。匆促之間，我連問題都沒來得及好好準備事先提

交給先生，而且是到了新澤西之後才跟余先生電話中提及這個臨時多出來的訪問計畫。余先生稍一考慮就爽快答應了。如今追憶，幸虧錢永祥先生臨時給我安排了這個任務，讓我得以在余府寒暄之外，可以用一個小時的時間集中地向先生請教關於五四百年的歷史源流與因果流轉。預定兩個小時的拜訪時間匆匆消逝，我們不想讓先生太疲憊，就決定辭別了，在余府門口，我們一行與余先生、陳老師合影，留下了美國之旅最珍貴的影像記憶之一，我也請余先生在我從中國帶過去的先生晚年最重要的作品《論天人之際：中國古代思想起源試探》扉頁上題簽。在辭別之際，余先生很鄭重地告誡我不管時代如何巨變，世道如何艱難，都要將真正的知識與文化傳遞給下一代，用他廣為流傳的話來說，就是要做一個有尊嚴的知識人。這一情景與他寫的陳寅恪先生贈蔣天樞的條幅彼此交錯疊加，我深切地感覺到了中國讀書人守先待後薪火相傳為中國文化托命的「學脈」之真義。如今面對書架上對我微微笑著的先生的照片，我想起先生已經遠行，再也不能當學術與人生遇到難題時可以請益他時不禁悲從中來。話雖如此，臨別時余先生的贈語如醍醐灌頂更如空谷足音長久回蕩，人之相交，貴在知心，真誠所致，念念不忘。

等我歸國之後就著手整理訪談錄音，並傳真給余先生。這一次余先生再一次讓我震撼，不會使用電腦的他密密麻麻地手寫補充、完善我傳過去的文稿，整整達到了30頁，分成幾次才成功地傳真過來。對於我所提的關於五四啟蒙與戊戌啟蒙的關係、啟蒙與革命、自由主義與民族主義等問題，余先生知無不言言無不盡，都給予了獨特而深刻的詮釋，尤其是對於五四的歷史意義的

層累形成、五四在空間和地方上的差異化傳播等問題都別有洞見。這篇訪問記在臺灣《思想》雜誌刊登後也引起了較大的學術和社會反響，我猜想應該是余先生晚年接受的最後一次學術訪問。念及於此，我就深深感動於余先生對待學術與思想的執著與熱忱，對歷史認知的通透與深邃，以及對人文與理性之中國的期許。他在傳真紙上的書寫和細微處的修改痕跡，以及每次傳真前附頁的文字說明，都在此時無聲勝有聲地傳遞著一個人文主義史家的學術情懷。如今物是人非，睹物思人，更是感歎於造化因緣的奇異，讓我能夠在新冠疫情全球爆發之前有機會赴美拜會余先生，並留下這一心靈和學術對話的記錄。

余先生去世之後，諸多師友紛紛在微信朋友圈紀念，可以說是近些年去世的老一輩知識人中間最受兩岸三地學人和文化人愛戴的一位了。《財新週刊》也突破封鎖，在網路上發表了余先生的老友陳方正先生的追悼文章和秦暉教授的紀念文章。之後在與臺灣錢永祥先生通話中談及余先生一生之志業和學術文化貢獻時，我們都認為余先生代表了二戰結束以來華人知識界的典範人格，對於中國文化傳統有真切深入的瞭解與研究，並能堅持一種「反思的平衡」之價值立場，但又不像其老師錢穆先生過度浪漫化中國的文化傳統，對於西方文明中所蘊藏的基本人類價值持一種開放接納的態度，試圖將這套現代的價值系統接引到中國的現代文化傳統之中，實現中西文化之間良性的互動交流。余先生既是一個學術人（可是從無學究氣，更無學術權威氣），又是一個公共知識人（但從不因為對政治的關切而損害了學術的創造，更不會因此而損傷了自我的心靈生命，政治關切始終是他學術生命

之外偶爾的興趣，是踐行一個現代士人公共關懷的職責而已）。更爲難得的是，余先生的學術與人格如月印萬川，交相輝映，其學術與思想在很多方面開啓了中國思想文化史研究的新論域，可以說從堯到二十世紀中國，他都有涉獵而且是專精的涉獵，在日常生活和學術空間裡，余先生待人友善，爲人親切，尤其樂於提攜年輕知識分子和學人。這些精神人格的特質無需我多言，從早幾年臺灣聯經出版的紀念文集《如沐春風：余英時教授的爲學與處世──余英時教授九秩壽慶文集》的字裡行間亦可處處感知到先生的風采與精神。

　　余先生已經遠行，再也不能聆聽其爽朗的笑聲和親切的教誨，此時此刻，除了追憶和哀念以及傳承先生遺志，我也由先生一生的學術寫作與教書育人之幾近功德圓滿，而想起自己去年底在香港《二十一世紀》發表的〈二十世紀中國精英文化的花果飄零〉一文，在該文裡我慨歎民國一代培養的人文知識人在整個二十世紀中國政治運動中的身世與命運，進而感歎造化弄人讓諸多具有天分也有良好學術訓練的知識人，不能人盡其才才盡其用，最後都是如余先生論史家顧頡剛所言是「未盡的才情」。若以顧頡剛、何兆武、瞿同祖、巫寧坤等1949年之後或留在大陸，或歷經千辛萬苦回到中國的學人之命運及著述而論，余先生眞是一個歷史的幸運兒，也正因爲這種幸運與自身的沉潛學術，而得以實現了最高的學術理想與人生目標。由此，我想起了臺灣詩人瘂弦在回憶錄的序言中提及的一個命題：人生完成度。他如此寫道：

到了我這個年齡，覺得世界上最大的悲劇，其實是沒有完成自己。記得楊牧詩中有一個句子，大意是：在維也納郊外的墓園裡，躺著一個完成了的海頓。是啊，完成了的海頓！弘一法師用「花枝春滿，天心月圓」來形容完成的感覺，最為貼切。是啊，完成很重要。而我就是一個沒有完成的人。[1]

我在想，余先生也完全配得上「花枝春滿，天心月圓」這八個字。讀過先生回憶錄的人都熟知一個影響余先生人生走向的關鍵細節。1949年底，正在燕京大學歷史系讀書的余先生，利用寒假去香港探親，看望移居香港的父母等親人。父親余協中教授希望他能夠留在香港跟隨其時在港篳路藍縷創辦新亞書院的一代史學名師錢穆先生讀書，也可以作為長子順便照顧兵荒馬亂中的家人。余先生一則不願捨棄學業，二則作為當時的進步青年也不願長久滯留殖民地香港，所以還是決意回燕大繼續學業。火車到了廣州因故障短暫停留於一個叫做石龍的小站達四五個小時，余先生也因此沒法當天坐車北上，只能等待第二天的火車，彼時彼刻，余先生也面臨一個類似於王陽明龍場頓悟那樣的天人交戰，去還是留，成為一個何以安身立命忠孝難以兩全的生命抉擇。余先生在回憶錄中坦承了思想大轉折的心路歷程：

在情感方面我自然絕對不願在這種情況下棄父母於不顧。但在理智層次，我始終不能接受香港這個殖民地可以成為我長期居

1　瘂弦：《瘂弦回憶錄》，江蘇鳳凰文藝出版社，2019年版，序言第2頁。

留之地，我當時一心一意以為只有中國本土才是我安身立命的所在，而學術研究則是我最為嚮往的人生道路。……總之，我的生命只能和中國本土打成一片，是我早年無可動搖的一大信念。……其次，我一意要回中國本土，為自己國家盡力，也是過重外在的形式而沒有觸及具體內容，最後流為一種抽象之談。我的父母即是中國的一部份，正迫切需要我的照料，我若捨此不管，還談什麼為中國盡心盡力？……幾個月來一直深深困擾著我的「天人交戰」，突然消逝不見了，心中只有一片平靜與和暢。[2]

余先生這個從顧念家庭的小我視角出發的考量，最後成就的卻是現代中國人文傳統在北美的一脈相傳（後又回饋給兩岸三地華人學術界），並開花結果形成中國思想文化史研究最重要的學統。一個細小的決定，對於余先生的人生具有如此巨大的影響，假若他當年回到北京，朝鮮戰爭爆發，香港與大陸隔離，出身於上流知識分子家庭的他估計只能在檢討與悔罪中白白耽誤青年甚至中年時代，也就不可能有後來為海內外矚目的學術成就。余先生的回憶錄最後一章寫到了兩代哈佛中國留學生的命運，前者是1920年前後竺可楨、趙元任、陳寅恪、湯用彤、吳宓、李濟、洪深、梁實秋、梅光迪等群星閃耀的一群人，對於二十世紀中國的學術、文化與教育做出了巨大的貢獻（自然這個貢獻主要是在1949年之前做出）；後者是指抗戰後到哈佛留學的楊聯陞、周一良、吳於廑、任華等一群青年，他們在戰爭歲月留學，後來大部

2　余英時：《余英時回憶錄》，臺北：允晨文化，2018年版，第96-97頁。

份基於家國情懷和對新中國的憧憬回國報效，結果成爲了未能人盡其才甚至顛沛流離吃盡苦頭的一群人。如今細想，余先生的回憶錄收束於對兩代哈佛留學生命運的慨歎，又何嘗沒有一點對自身因緣際會得以留學哈佛任教於美國學府，進而得以避免在新中國歷經磨難的感歎呢？他自然沒有絲毫的自矜與慶倖，而是深深惋惜於一代代天賦異稟才華橫溢的知識人的生不逢時造化弄人。

　　對照之下，我不由得想起前不久去世的何兆武先生。他出身於西南聯大，學術訓練充分，又天資過人，可是在1950年代之後等待他的只能是一波接一波的政治運動的折磨，在一個將意識形態當作治國綱領的社會，獨立於權力的學術與文化只能奄奄一息。幸虧他晚年留下了口述史《上學記》、《上班記》，讓我們得以管窺民國時期西南聯大那樣一個天才成群結隊地湧來的象牙塔，那種自由而多元且富有原創性的人文主義傳統後來自然是被腰斬。何先生半爲戲謔半爲自傷地說過，他們是報廢的一代人！「報廢」兩個字隱含著何等的傷痛與惋惜！1950年代初，當余英時先生決定放棄燕大學業留在香港時，巫寧坤卻放棄了在芝加哥大學即將拿到的英美文學博士學位，應大學時代的老師趙蘿蕤的盛情邀約回到燕京大學任教，等待著他的命運是他被劃爲右派經歷了九死一生之後提煉的人生三部曲「我歸來，我受難，我倖存」。而在學術生涯早、中期就寫下《中國法律與中國社會》、《清代地方政府》等經典的瞿同祖，1965年從加拿大回國後也基本上是無所作爲度過後半生。他在晚年接受一個青年學者訪問時愴然涕下言及在一個高度政治化的時代，學術生命自然無從施展。這樣的人生故事，在當代中國的歷史上俯拾皆是，讓人不勝唏噓，

還有更多的歸國科學家的故事，可能因為史料、知名度等各種原因尚未進入公共記憶的範圍，至今仍處於被遺忘和被遮蔽的境地。

行筆至此，想起 7 月下旬，颱風煙花肆虐江南的時刻，我在杭州南高峰下的六通賓館給一個暑期學校修和書院授課（余先生生前曾應邀為書院題署校名寄意深遠）。因主事者裕榮兄之介紹結識了紀錄片《西南聯大》和電影《九零後》的導演徐蓓，在風雨蒼茫的午後，我們一見如故，談及她採訪過的許淵沖、馬識途、楊苡、巫寧坤這群西南聯大老人的生命歷程與人生際遇，對於這群知識人在天旋地轉的二十世紀中國雖然飽經滄桑，卻終究能夠有所作為，為文學、學術與歷史留下見證而感懷不已，更多的有才華也有抱負的讀書人卻尚未開花就已經永久地沉沒到歷史河流的底部而湮沒不聞。我也熱烈地談及所注意的哈佛這兩代留學生的生命走向，並熱切地希望徐導能夠將百年前這群哈佛留學生的生命故事以影像記憶的方式呈現給今天的 00 後一代。我們也不約而同地提及今年出版的非虛構寫作作品《重走：在公路、河流和驛道上尋找西南聯大》，這是我們一個共同的青年朋友楊瀟所撰寫，他通過四十六天的徒步，沿著當年長沙臨時大學從湖南到貴州抵達昆明的湘黔滇旅行團的足跡重走了這條歷史之路，並以縝密的考證、紮實的田野和優美的敘事，將歷史寫作與旅行寫作近乎完美地結合了起來，呈現了歷史敘事所能夠包含的精神力量與人文之美。無論是紀錄片也好，還是非虛構寫作也好，其實我們有一個共同的從歷史深處生長出來的問題：西南聯大這一代人或者說哈佛幾代留學生的人生完成度跟歷史、政治、時代與個人的心性之間的關聯究竟如何？在面對一個給定的政治框架與時代

格局時，作為個體的知識人該如何在時代巨變中錨定自我的歷史方位，以一種既有韌性也有智慧的方式來突破處境的限定而盡最大可能完成自己？面對一個可能不斷下沉的世道與衰敗的文化，讀書人又應該何以自處才能既不憤懣而陷入政治性抑鬱又不自憐自傷？有時候，刻意的啓蒙可能會因精英的姿態而疏離了被啓蒙的對象，而在天地玄黃中能夠盡可能完成自我，活出一種生命的豐厚與承擔來，這種人格的感召力恰恰是這個虛無而亢奮的時代所極需的。

你拼盡全力有尊嚴地活過的一生就是你的終極作品。從這個意義而言，其實楊瀟的重走歷史旅途也是在對自我展開尋找，余先生的回憶錄也同樣是對自我的生命之路的奧秘在進行鉤沉。人生何以完成？如何在一個動盪時代保持個體心智生命和生活世界的完整性？余先生多年前在接受《時代週報》記者訪問時就曾經以一種平易的語言表達了對這個所謂「人生完成度」問題的思考：

我想，你們年輕人自己要努力，要自己把自己當人，不要盲目服從權威。我認為每個人要爭取自己基本的權益，不要隨便被人剝奪了。如果人家給你「恩賜」，給你點好東西，你就感激涕零，這就不太好了。人就應該量才適性，自己有多少本事，在什麼環境，儘量做自己該做的事。盡力完成自我，同時也知道尊重別人，這是所謂「博學知服」，即做一個有尊嚴的知識人的最好辦法。[3]

3　李懷宇：《余英時：做一個有尊嚴的知識人》，《時代週報》，2011年2月9日。

楊瀟在經歷了艱辛而漫長的重走旅途，以及對歷史世界中的西南聯大人的生命故事的追索之後，如此對他自己其實也是我們這一代人的人生進行反省：

有時候我會想我們出生於1978-1985年這一代人漫長的、好像永遠也不會終結的青春期。有好幾年的時間裡我的身邊滿是懸置著、漂浮著的朋友們，相信一切還早，相信生活仍有各種可能性，其實自己已經老大不小。現在看來只是我們恰巧趕上一個國家的上升曲線，勢比人強，卻讓我們誤以為一切可以持續，遲遲不肯降落，以致浪費了太多的時間——不要誤會，我仍然認為無休止的旅行、觀影、清談和漫無目的的閱讀是珍貴的，可倘若我們真的想要「創造」出什麼，想有屬於自己的「一生志業」，那需要強烈的信念感、長久的忍耐和真正凝聚起來的心力。[4]

我寧可將余先生對年輕一代人的告誡和楊瀟在歷史行走中的反省看作是兩代人之間超越時空的精神對話和心靈契合。而作為一個從事人文學術研究和寫作的人而言，更為重要的是需要進入歷史的精神譜系，尋找到能夠激勵自己前行的典範人格和思想資源。余先生曾經在跟一個陷溺在茫然與憤激中的學者蘇曉康的談話中如此開示：「人的困境只能求援於人世的精神力量，那蘊藏在文化傳統中的無數先人積累的巨大資源，唯此方能超越有限的

---

4 楊瀟：《重走：在公路、河流和驛道上尋找西南聯大》，上海文藝出版社，2021年版。第559-560頁。

此生，與綿長的人類活的生命接榫。這種活的生命，也只隱然昭示在極少數被現代人所不屑一顧的『文化遺民』的蹤跡裡。」[5] 我想，余先生早已超越了有限的此生，而融入了「文化遺民」的精神譜系之中。

　　2021年8月6日至9日初稿、修訂，謹以此文紀念我永遠追懷、敬仰的余英時先生。

5　蘇曉康：《忽到龐公棲隱處》，載臺北《印刻文學生活志》，2018年10月號「余英時回憶錄專輯」，第82頁。

與余英時先生的學術交往雜憶

陳來

　　在中國大陸學界，知道余英時先生的名字，並不很早。我較早看到他的論文是 1984 年出版的《燕園問學集》中的《中國古代死後世界觀的演變》。他的《從價值系統看中國文化的現代意義》一文 1986 年在大陸流行，是一個讓大家普遍知道他的開始。此文是 1984 年在臺灣印行，一兩年內，在海峽兩岸都產生了重大的影響。我讀到此文是在 1986 年春，在中國大陸，當時「文化熱」正在興起，反傳統思潮盛行，讀到這樣的文章，覺得耳目一新，令人信服。

　　1986 年秋我去哈佛大學作訪問學者，用的是魯斯學人的名義。到哈佛後，與北大研究生同學張隆溪見面聊天，他特別推崇余英時先生，說與余先生時有通信。人在年輕時無所顧忌，喜歡交接名人，於是我就寫了封信給余先生，其中介紹我來哈佛是做魯斯學人，寫過兩本朱子的書，尚待出版，最後說「方以智晚節考，先生尚有存留否？其他數種，亦心求已久」云云。大概在 12 月時，甘陽寄給我光明日報，上面有大半版刊載了《文化：中國

與世界》的譯書書目和學術計畫。我複印兩份，一份給了張隆溪，他說沒想到國內現在也可以作一些事了；另一份就在這次信中附寄給了余英時先生。余先生回信惜未能保存，只記得開始兩句說「歡迎國內學人來交換意見」、「魯斯學人最是自由」等，但並沒有對我的求書之請具體回應。其實，他心中已記住了此事，後有安排。

1987年4月，余先生來波士頓參加AAS（亞洲學會），通過陸惠豐聯繫在哈佛念書的張隆溪、胡平和作訪問學者的我一起見面。於是一晚，我們在劍橋市陸惠豐家中和余先生聚會。陸惠豐的房子臨湖，壁爐用紅磚砌成，上下一體，相當漂亮，幾個人一起聊了一個晚上。過了兩天，當時在哈佛燕京訪問的邢義田先生給我打電話，說余先生帶來幾本書給我，托他轉交。我這次來哈佛雖然不是哈佛燕京的訪問學人，但與哈佛燕京的訪問學人也多相識。大概因為那天在陸惠豐家人多，不方便單獨把書給我，所以就請來自臺灣中央研究院的邢義田轉交。余先生帶給我的是允晨出版的《方以智晚節考》增訂擴大版（1986年）和《論戴震與章學誠》（龍門書店1976年舊本）。那時我只是初出茅廬的副教授，而余先生已經名滿天下，是著名的歷史學家，他與我亦未曾謀面。他可能看我來自北大，專研朱子之學，故遠道而來，攜書賜贈，約談會面，給予鼓勵。對此我是非常感謝的，從這件事可以看出余先生對國內年輕學者真誠扶持、寄予期望的態度。

1987年12月，由張光直先生、趙如蘭教授和鄭培凱教授組織的哈佛中國文化講演會又開會了。上一年12月開會時，是張光直、高友工、趙如蘭幾位先生講的，這一次是余英時、許倬雲

先生主講，王浩先生也來參加的。這個會是由鄭培凱教授特別推動的，每年在哈佛那裡舉辦一次文化研討會。主要是請北美地區有卓越成就的華人學者，作關於中國文化的講演。聽眾一部份是波士頓地區各大學的學生，但是更多可能是華人聽眾，不一定是學文科的，可能是工程師，也可能是大夫。我去的第一年就碰到張光直先生、普林斯頓來的高友工先生講演。高友工講的是「中國美典」，當時我從中國哲學的角度提了一兩個問題。到第二年1987年12月又開會了，由張光直、許倬雲、余英時作的講演。余先生見到我說：「我以為你已經回去了。我從臺北回美國的飛機上一直在看你在《當代》寫的文章。」事情是這樣的，1987年春天，臺灣《當代》雜誌的主編來美，杜維明先生是該刊的社長，在我們一起吃飯時，杜先生要我寫篇述學的文章刊登在《當代》，以便海外瞭解中國大陸教育的情形。我的文章題為《十年道問學》，余先生指的就是這篇文章。當時在講演會上張光直講的是，他認為中國夏商周三代是巫文化，特別以商代作例子。許倬雲先生是研究西周史的，他特別講西周制度對後世的影響。余先生從春秋時代講起，講突破的概念，講中國思想史的五次突破，他從周秦時代講到明清時代。會議主辦者事先指定我作為評講人，另兩位評講人是在哈佛的陸惠豐和香港大學的何冠彪。講演休息後我就上去評講了一番，大家的反應還不錯，我在評講中也提到余先生《從價值系統看中國文化的現代》一文，略作介紹。結束後陸惠豐對我說「你講的最好。」晚上吃飯，我和余先生、許先生坐一桌，在飯桌上余先生和許先生說「你也不用回去了」。他們講這個話我的理解是，在他們的幫忙下，我在美國找個工作還是

可以的。許倬雲先生特別說，「英時是新加坡的國師」，意思是你去新加坡工作也沒問題。那時候很多學者都是奔著留在美國不回國了，我當時也沒想過這些事。總的說，我的那些評論，還是受到海外學者的肯定的，應該也給余先生留下了較深的印象。而余先生給我的印象，他作為旅美的前輩學者，對國內的年輕學人，非常友善和鼓勵，樂於幫助，雖然當時他還未及六十，在他身上確有老一輩學者的大家之風。

1988年2月，我因在哥倫比亞訪問，就近去普林斯頓看余先生。在他辦公室坐了一個多小時，然後余先生請我吃了午飯，飯後開車送我去車站。這一次余先生送了我《中國思想傳統的現代詮釋》，扉頁寫了「陳來兄正之　英時贈　一九八八年舊曆除夕於普大」。這部書可以說是余先生的代表作，他的好幾篇重要論文都收入在這本書中，其厚重自不待言。這本書可以說是針對八十年代有關中國文化論而發的最重要的著作。這次見面，我印象最深的是，余先生的待人處事和生活態度，完全是儒家的，與外國漢學家是不能同日而語的，外國漢學家很難瞭解中國人的生活和行為方式，也就不能真正瞭解中國文化。

1988年8月我去新加坡參加新加坡東亞哲學研究所主辦的「儒學發展的問題及前景國際研討會」，這個會的發言和討論全部收入由杜維明先生主編的《儒學發展的宏觀透視》一書。開會的第一天，我把我新出的《朱熹哲學研究》奉送給余先生和其他幾位海外學人。我還把不久前發表的我的論文《王陽明越城活動考》抽印本送給余先生請教。第二天晚上吃完飯，出來一起步行時，余先生對我說：「我跟勞先生說，這次開會來的學者，只有你的

學問是最實在的」。次日早上在大廳裡遇見勞思光先生，他滿面笑容地對我說「你是一洗鉛華啊」。我在當年春天曾在香港中文大學見過勞先生，一起吃過飯，是劉述先先生請的。這次勞先生對我的鼓勵顯然是受了余先生的影響。另外，在這次會議上我發言積極，充分表達了我的儒學立場，給台港和海外學者印象較深，勞先生對我的表揚也包含這個意思吧。其實，這次與會學者中我（和甘陽）是最年輕的，余先生卻再一次給了我高度的鼓勵。

1991年2月由杜先生主辦，在夏威夷東西中心開了一次「文化與社會國際研討會」。余先生、勞先生以及參加過新加坡儒學會的海外學人都參加了，我也參加了。但因爲這是89風波後第一次海內外學者聚會，主題也不算是純粹學術的，故氣氛與以往學術會議略爲有別，而且大家不住在一起。記得會上比較突出的一件事是余先生和王元化先生的一點衝突，余先生發言說到中國傳統社會是尊重知識人的，這個說法大家一般都會接受，余先生的這個說法當然也包含了對現代中國社會不尊重知識人的一種批評。沒想到王元化提出異議，他說四十年代中國軍隊裡就不尊重知識人，王元化的說法也有根據，但不能用特殊領域的表現否認一般文化的表現。不管怎麼說，當時的氣氛有點緊張。當然余先生肯定不會現場反駁，也就不會加劇這種緊張。後來王元化在他的書中也輕描淡寫地記了一筆，說明他的本意也不想和海外的學人關係搞得緊張。由於會上氣氛不輕鬆，跟余先生沒有談什麼學術，只是把我新出版的《有無之境》呈送給他，又在夏威夷遊覽時，一起在大風口照了相。

1992年秋天杜先生又在哈佛主辦了「詮釋與傳播國際研討

會」，那一次余先生、李澤厚、王元化、蕭箑父、朱維錚等先生都參加了會，余先生送了我他剛剛出版頗引發爭議的書《猶記風吹水上鱗》，書的扉頁上寫「贈陳來兄　余英時一九九二、九月於美國康橋（書中「著」字多誤植爲「箸」字）。余先生有事，會未完先行離開。這次會上我發言講的是我以《二十世紀中國文化的激進主義》爲題寫的論文的意思，梁治平在場聽後對杜先生說，沒聽他在國內講過呀。而王元化和朱維錚對我的發言都表示不能滿意。不過，到了1993年在北京香山我聽王元化講杜亞泉的發言，其文化態度已經轉變了。

1994年我到日本福岡參加「東亞傳統文化國際研討會」，此會經歷了四年的籌備，參加會議的學者可以說代表了當今世界宋明儒學與新儒家學術研究的最高水準。參加會議的學者有日本的源了圓，金谷治、溝口雄三，美國的狄百瑞、余英時、杜維明、傅偉勳，法國的汪德邁等。會議的核心人物是時年86歲高齡的岡田武彥先生，這次會議某種程度上可以說是由他一人籌畫的，而世界各地學者也是衝著他老先生的面子而來九州參加會議的。會議報到第一天，我看到日程上余英時先生的題目是「現代儒家的回顧與展望」，頗吃了一驚，因爲他兩年前的《猶記風吹水上鱗》中那篇「錢穆與新儒家」的文章引起學界不少關注甚至爭論。會議結束的第二天，在多久參觀孔子廟，聽完講解員的介紹後，余英時先生帶頭向廟中供奉的孔子像行禮。當然，我想也不必誇張這個場景的象徵意義，但余先生此舉無疑有其文化意義，也顯示了他的文化認同。在孔子廟中，我跟余先生一起照了相。

1996年秋我赴臺灣參加中研院文哲所「儒學與現代世界」研

討會。會議第一天在大堂見到余先生，我贈送了我的新書《古代宗教與倫理》給他，當時幾位余門弟子也在場。余先生拿著書對我說：「你寫書很快呀！」我笑著說：「這是余先生對我的批評？」余先生說：「不是，你是厚積多發啊。」在不經意間，余先生還是對我作了表揚。他在腋下夾了書，我們一起照了相。當日余先生在大會上作了主題報告，具體內容已經不記得了，只記得現場上朱高正坐在我前排，對余先生講演提了問題，杜先生坐我旁邊很是驚訝，轉過身對我說「朱高正水準不低呀」。

1999年夏，新亞書院五十年紀念，我去香港開紀念會。前一年1998年劉述先先生來北京開會，會下他對我說：「我希望你能到香港來，我還有一年多就要退休。」此後他幾次給我寫信，商談此事。1998年10月他來信，說中大系務會已決定請資深學者來繼任他的位子，以「正教授」名義聘任，希望這個位子給予資深的儒學學者以保持中大儒學研究的水準。1999年7月我去香港參加中文大學新亞書院五十年慶「中國文化的檢討與前瞻」會議，余先生是新亞書院第一屆畢業生，自然來參加慶祝。余先生見到我說：「聽說你要來接劉述先，我們都很贊成！」他指的就是這件事。這說明，劉述先先生的建議，香港中文大學也早徵求過余先生這些大佬的意見，並得到余先生的贊同。當然，事情後來並未按劉先生、余先生的設想發展，我也並未有意長留在香港，這些就不說了。但不管怎麼說，此事也體現出余先生對我的支持，和對我的學術研究的肯定。

2000年我去臺灣參加中央研究院「第二屆國際漢學會議」，當時余先生告訴送給我他正在寫朱熹的歷史世界研究，已經寫了

十萬多字，並交我一份朱子文集序的影印本。後來文集出版，陳俊民先生、黃進興教授也都督促書局把書寄給我。中間也不斷聽到普林斯頓來人說起，余先生在集中精力寫朱熹的書。到了2003年夏，《朱熹的歷史世界》甫一出版，我便收到了臺灣寄來的書。收到書後我托友人鄧小南找關長龍，想請他為余先生的新書寫書評。找來找去沒找到他，鄧小南說恐怕最後還是得你自己寫。結果7月下旬陳方正先生從香港來電話說，余先生書出版後，他給余先生打電話，說看找什麼人寫書評，由《二十一世紀》刊載，余先生說請陳來兄幫忙寫吧。

於是，我就承擔了這一任務，在八月底交了稿。9月初我到香港城市大學客座，余先生發傳真信來，信中開頭說：

陳來吾兄：

前承自北京寄下尊評，承費心指教，於拙作用心較大處，一一為之掘發，感何可言。非有兄之專門造詣，不能寫出此一出色當行之評介也。拙作得兄為之印證，或可取信於讀者，多謝了。

信尾說：

十月下旬，弟原已應中文大學之約，來港一行，不意近因有要事不能離開，不得已辭去此約，以致失去與兄把握暢談之機會，甚可惜也。

我為余先生朱熹書寫的書評，是以朱子研究專家的身分來寫的，這是與其他書評作者不同的。後來據余先生的學生告訴我，

余先生認為在這些書評中，我的書評是他較為看重的。

既然提到余先生跟我的通信，以下再引用兩封余先生給我的信，以見余先生對我個人學術的一貫關懷與鼓勵。

一封是我在出版了《古代思想文化的世界》一書後，寄給余先生請教，他的回信：

陳來吾兄大鑒：

兩月前接獲大著《古代思想文化的世界》，為前著《古代宗教與倫理》之續，內容豐富，條理井然，融會新知，以重明中國古代文化史之發展，較之三十年代以來前輩學人的研究，已推進甚遠。尤可佩者，態度雍容，思慮深沉，此真學術史研究之進步，承先啟後，厥功至大。兄多年來沉潛舊籍，宜有此成績，「學絕道喪」之歎，可以免矣。不勝欣慰之至。

這幾句話我曾在數年前一次講話中引用過。那是 2017 年 6 月，北京大學出版社做了一次拙作《古代宗教與倫理》的推介會，我做了講話，在最後結束時我說：

最後我引用一位海外著名前輩學者的話，《古代思想文化的世界》那本書出版以後我寄給他請教，他給我回了信。信的內容我念幾句：……

我就不披露這位前輩的大名，否則好像我在借助前輩的大名來提高自己地位，這不太合適。我只是想說，《古代思想文化的世界》這本書，包括《古代宗教與倫理》，許多學界前輩還是很肯定的。

陳來吾兄吉鑒：

兩月前所惠贈 尊著〈古代思想文化的世界〉一書，尊著字群言偉理之後，內容豐富，條理井然，融會新知以說明中國古代文化史之經展，較之三十年代以來著作學人的研究已推進甚遠，尤可喜者態度顯著，思慮深沉，世界學術史研究之遠事，弟亦心驚深佩，亦大。兄多年來沉潛舊籍，亟有先成績，可望繼進表述之數，可以覩矣。近年弟試當有一篇文長稿〈論文、邱書書〉，論「天人之際」，成於一九八八而

余先生致陳來書信

我引了余先生的話，但並未指明為余先生所說，以免給人印象好像我借助余先生的名聲提高自己的地位。這是我一貫的態度，不論是對於誰，這也是中國哲學界大家都知道的。這次，如果不是余先生不久前去世，我也不會講出余先生的名字。這裡既然是對逝者的回憶，就必須尊重事實，將此事合盤端出，而不能淹沒了余先生表彰後進的高風。

另一封是我在出版了《詮釋與重建》一書並寄給余先生後，他收到之後的來信：

陳來兄台鑒：

前數日從華府回普林斯頓小住數日，得見賜寄大著《詮釋與重建》，十分感謝。以此五字命名船山哲學，已得其綱宗矣。兄多年來著述不斷，自古代以迄近世，好學深思，貫穿儒學源流，並世稀睹。今日言儒學研究，唯兄足以當之而無愧。兄治學踏實，一步一腳印，不為過高之論，尤所難能可貴。

如果說前一封信所說是余先生對我的古代思想研究的評價，這封信中所說則是對我的整個學術研究的評價，能得到余先生這樣的前輩大家如此評價，應該說幸何如之，也足見余先生對吾人學術的熱誠肯定和支持。

以上所說，都不是公事。後來卻有一件公事，有求於余先生。2009 年 11 月 1 日清華大學國學研究院成立，《光明日報》欲發一組名家文章，以為紀念。報紙方面希望請余先生寫一小文，其實我從來是不麻煩余先生的，這次因是公事，沒有辦法，只好向余

先生請文。余先生十月中以傳眞發來，文章開首說到：

清華大學將於十一月一日舉行國學院成立大會，我的老朋友陳來先生希望我能寫一短文，簡論歷史上清華國學院的精神風氣。這是中國人文學術界一大事因緣，我覺得無論在公在私，都義不容辭，因草此篇，以代祝賀。

此文在《光明日報》全文發表，體現了余先生對中國學術的深切關心和大力支持。而傳眞另紙寫道：「健康尚未完全恢復，寫作不能運思自如，乞諒。」今天回想起來，我才明確意識到，他爲清華國學院寫此文時，已經八十初度，而且是病中的老人，實是覺得慚愧，亦不勝感慨。

以上所說我和余先生的這些個人學術交往，雖然只是些許側面，卻從中可以看到余先生對國內學人學術的關心、支持的一貫態度。謹以此文紀念余英時先生。

寫於 2021 年 12 月 4 日

通古今之變者，必究天人之際[1]——
紀念余英時先生

葛兆光

我們今天在這裡紀念余英時先生，讓我想起很多往事。余先生過世後，我寫了一篇紀念文章，將發表在《古今論衡》上。這裡，我想用「通古今之變者，必究天人之際」爲題，談談我對余先生思想和學術的一點認識。

應該說，我算是很幸運的，因爲在余先生八十歲以後，算是余先生晚年吧，我得到一些特別機緣，能和他常常見面長談。因爲2010年到2013年，我有機會在四年裡，每年都去普林斯頓住上近兩個月，所以我算了一下，和余先生大概至少有超過三十次，每次超過五小時的聊天。有時候在余先生家，有時候在考試中心，有時候在我們住的宿舍，有時候在各種餐廳，因爲是近距離接觸，而且約好不記錄、不設主題，所以，話題非常廣泛。聊得多了，對余先生的思想和學術就算有一些瞭解。

1　這是作者2021年9月4日在聯經出版公司紀念余英時先生論壇上的發言。這裡提及的另一篇紀念余英時先生的文章，爲《思想史與學術史的傳薪者》，載《古今論衡》（臺北）第37期（2021年12月），129-140頁。

和很多首先從書本裡認識余先生的人一樣，我們都會有一個好奇，就是余先生兩個師承脈絡，其實有點兒立場、路數和風格的不同。大家都知道，余先生的老師，一個是錢穆先生，他的學問來自本土傳統，對傳統的漢族中國和傳統文化都抱有溫情與敬意，擅長宏觀地敘述歷史，對古代中國政治文化和士大夫傳統有同情，他對於中國歷史評價往往基於傳統的價值觀；一個是楊聯陞先生，他深受歐洲東方學和日本東洋學的影響，習慣於精細地、客觀地進行研究，而且要把研究的中國歷史對象化，當然，由於胡適的緣故，這一脈絡中當然也包括現代的自由民主價值觀。

　　這兩個師承脈絡怎麼能夠奇蹟般地在余先生身上貫通？其實，我願意更仔細地說，這裡貫通的不光是師承，更有關於傳統中國的認識，和對現實中國的關懷之間怎麼貫通？對中國儒家學說的同情，和對現代民主自由價值的堅守之間怎麼貫通？中國式的歷史解釋和歷史敘述，和現代的、客觀的、中立的歷史研究之間怎麼貫通？以及對於中國歷史和文獻的認識，與西方現代理論方法之間怎麼貫通。我印象特別深的，是 2012 年我和周質平教授曾經在聚餐的時候，反覆請教余先生這個問題，余先生只是淡淡地說，你們說的這些「之間」那些「之間」，又不是「天塹」，真有什麼不可通約的矛盾嗎？

　　大家知道，作為一個中國大陸的學者，我們在那個時代，已經習慣了非此即彼、非黑即白的絕對化思維，習慣了在不同的價值觀、歷史觀和學術思考之間「選邊兒站」，因此，余先生這種能夠「貫通」、「融通」、「溝通」或者「打通」的學術和思想，總是讓我們非常有興趣。這個話題，我記得我和周質平教授、也和

余先生與葛兆光攝於余宅，2012 年

王汎森教授討論過多次。最近這個月余先生去世後，我重讀余先生的論著，還是很多感觸。在一篇《嚴復與古典文化》中看到他說，「嚴復、梁啓超、胡適都屬於用學術推動現代化的通才，而不是終身從事於『博士之學』的專家」。余先生用的是陳澧《東塾集》裡關於「士大夫之學」和「博士之學」的說法，我頓時明白，余先生就是嚴復、梁啓超、胡適之後的通才。他是以他的歷史研究，關懷中國的現狀，所以他可以不落門戶之見，而有世界的眼光，能夠深入傳統的問題，而又有國際預流的追求，站在世界的高度，絕不把中西或古今作絕對的對立，所以他才能「通」。

說到「通」，我想從余先生最晚的一部學術著作《論天人之

際》說起。當然，《回憶錄》寫得更晚一點，但那不算是專門著作，《論天人之際》還是他學術意義上的收官之作。我們這一場論壇的主題是「天人之際」。我記得2013年冬天，我在普林斯頓小住，那天開始下大雪，余先生、陳先生開車到我們住的勞倫斯社區，把《論天人之際》的校樣送給我，而且特別叮囑我，要幫他好好看看，而且還約定和我找時間認真討論。那幾天我真是看得非常仔細，時不時就打電話去討論，後來還專門找了一個時間面對面和他討論。

余先生寫這個主題，曾經從論文到專書，花了很長時間反覆修訂補充，他為什麼那麼鄭重其事對待這部書？我後來想，這也許是余先生對「通史」的一種追求。大家都知道「通古今之變」是司馬遷的偉大理想，其實也常常是歷史學家的偉大理想。這裡說的「通史」，並不是說撰寫一般意義上形式完整的著作，而是一種歷史學家在面對錯綜複雜歷史的時候，對古今演變脈絡的清醒認識和結構理解。余先生「上到堯，下到毛」，對整個歷史都有研究，所以在余先生看來，不能缺了討論思想起源，尤其是決定傳統中國走向「內向超越」之路的早期思想史研究，所以，《論天人之際》是余先生整個中國歷史論述裡面一塊很重要的，用現在的話說是「最後一塊拼圖」。大家可以注意到，這部著作的內容，余先生很早很早就在各處提起來過，英文簡要論述在1997年發表，後來中文章節也在《中國史新論》、《思想史學報》裡發表，幾十年反覆修改和思考，其實，就是為了一個中國思想全史的完整輪廓。

這裡順便說一下，很多人都聽說，余先生曾經有過關於唐代

余先生與葛兆光、戴燕攝於余宅，2016 年

的論述計畫，這個計畫他和我仔細聊過兩次。大家知道，除了先秦的《論天人之際》，余先生寫過《漢晉之際士的新自覺和新思潮》，寫過朱熹到王陽明的「得君行道」和「覺民行道」，寫過方以智、戴震與章學誠，也寫過胡適、顧頡剛、陳寅恪、錢穆，這幾乎就是一個連續的思想文化學術的歷史。他跟我說，佛教來到中國是西方思想之前唯一真正能衝擊傳統漢族中國思想的大事件，新禪宗的興起又是中國思想史變化上的一個大因緣，而他關心的，其實是宗教與政治文化之間的關係，他曾問我，新禪宗為什麼對士大夫的文學和思想產生那麼大的影響，但是它為什麼不能對政治文化和社會生活直接產生衝擊？我沒有能力回答他的問

題，不過我感到，余先生對中國思想史，其實早已有一個整體的思考。

整體很重要，歷史研究一波又一波的變化，常常需要以整體對抗整體，歷史研究要想建立新典範，就必須提供一個整體重寫的基礎，使歷史全面改觀，使敘述另起爐灶，絕不僅僅是拆東牆補西牆，修修補補，鐵路警察各管一段。我和余先生都愛下圍棋，記得他說得很多的兩句話，一句是下圍棋「高手無廢子」，他說王國維做學問就是這樣，當年楊聯陞就很讚賞這種說法；還有一句是「善弈者取大局」，據余先生說是錢謙益說的，我沒有查過，但這很說明余先生治學，其實很注意整體的、貫通的歷史研究。古人論詩，說有「小結果」，有「大判斷」，其實差別就在這裡，前面說的「士大夫之學」和「博士之學」的差別也在這裡。余先生是通人、通才、通識的學問，不是傳統所謂「餖飣之學」，也不是現代所謂「專家之學」。

為什麼這麼說？因為每個歷史學家都有自己關注的重心，如果說，陳寅恪是以中外、宗教、族群、地域的思考為通史的重心，余先生就是試圖重構「知識人」和「思想文化」為重心的中國大歷史，透過這個大歷史，你才能理解中國為什麼會有「內向超越」，會有「反智」，會有「道統」和「政統」，會有「得君行道」，會有知識人「邊緣化」，會有現代儒家的「遊魂」現象，你才能通過這個通貫的大歷史，理解當下中國政治、文化和社會裡，知識人的命運，以及知識人未來的方向。

那麼，余先生寫的大歷史，究竟為了什麼？簡單說，就是為了「中國」。他曾經這樣說「天人之際」，他說，「天代表了超越

境界，人代表的是現實世界」。坦率說，如今中國有良心的學者，不得不像魯迅說的那樣「橫站」，一面努力追求在學問裡面到「天」的超越境界，一面不得不像余先生說的「火鳳」和「鸚鵡」，面對「人」的現實世界，這就是他面對的「中國」。余先生曾經多次和我說，他和我之所以談得來，不僅僅是對中國大陸的關心，而且我們都曾在草根中國生活，最大的關懷都是中國，所以我們那麼多長談，話題最多的，就是談中國的歷史和現實。

大家可能都記得，余先生寫他的老師錢穆，題目是「一生為故國招魂」。「招魂」這個意象，在余先生筆下出現過很多次，錢穆先生九十壽辰，他的賀詩就說「司馬曾招故國魂」，錢先生過世，他紀念的詩裡又說「歸骨難招故國魂」。2007年我在上海建立復旦文史研究院，他寫的賀詩裡，還是說「國魂未遠重召喚」，可見這個故國之魂，在余先生心裡有多重！大家都熟悉余先生那句話「我在哪裡，哪裡就是中國」，這句話來自湯瑪斯‧曼，湯瑪斯‧曼也曾經在普林斯頓住過，我記得余先生陳先生曾經特意開車帶我們去看曼的故居，還拍了一張照片送給我們。

2012年，我和內人戴燕特意去安徽潛山的官莊，看他小時候生活過的故居，那時候，他的故居還是一片狼藉，破舊不堪，只有屋後的竹林還那樣茂盛，我們拍攝了幾張照片送給余先生，余先生翻來覆去，看了好幾遍。我覺得，我能理解余先生的「故國之思」，儘管他決絕地表示不再回大陸，但是他的心裡始終有中國。在天人之際，他很難割捨這個故國，你只要讀他1978年寫的詩：「此行看遍邊關月，不見江南總斷腸」，你就會明白。從這個角度，我們再看余先生，他為什麼始終要寫縱貫古今的中國

余先生伉儷與葛兆光、戴燕攝於余宅後園，2012 年

知識階層和中國思想文化的歷史？我和余先生談論多次，我覺得有三點體會，第一是繼承傳統。他期待知識人承擔起「道統」，承擔起拯救天下、提升文化、引領清明政治的責任。第二是趨向現代。他繼承傳統書寫歷史，但又希望知識人能夠走出歷史，像陳寅恪說的「自由之思想，獨立之精神」，提升知識人的地位，不再僅僅依賴內向超越，不僅僅依靠得君行道，不能自甘於「邊緣化」；第三是融入世界。他期待知識人能夠以現代的民主、自由、平等作為自己的價值，對於專制的、反智的、殘暴的傳統，他始終也抱著最高的警惕。

在這一點上，他和那些對傳統中國政治文化抱有過高期待和過高同情的人不一樣，他同情、關懷、熱愛這個「中國」，但是，他始終冷靜地看到「亡國」和「亡天下」的區別。他有現代人的理念，非常清晰地區分了政治中國和文化中國，區分了祖國、國家和政府，在這一點上，我們才可以理解他關懷的是哪一個「中國」，也可以理解他始終如一的「中國觀」。

我想，余先生一生都是一個學者，一個屬於世界的學者。他在知識、思想和學術的世界裡獲得自由，這是屬於「天」的境界，但他又始終不渝地關心這個現實的中國，這是「人」生活的空間，天和人始終在交互影響，所以，我願意說，余先生一生都在「通古今之變」，也一生都在「究天人之際」。在歷史和現實、世界和中國之間，他把一切都打通了。

最後，請允許讓我借用一段最近看到的話，來結束我這次的講話。這位不知名朋友說，余先生正好站在時代巨變的十字路口，舊學者在他身上看到不可企及的新風尚，新學者也會從他身

上學到久已難得的舊根底，所以，余先生是我們這個時代的思想和學術上繼往開來的學者。

謝謝大家。

作者簡介

（依姓氏筆畫排序）

　　王汎森，台灣大學歷史學系學士、碩士，美國普林斯頓大學博士。2004年當選中研院院士，現爲中央研究院歷史語言研究所特聘研究員。研究範圍以十五世紀以降到近代中國的思想、文化史爲主。著有《章太炎的思想》、《古史辨運動的興起》、*Fu Ssu-nien: A Life in Chinese History and Politics*、《中國近代思想與學術的系譜》、《晚明清初思想十論》、《近代中國的史家與史學》、《權力的毛細管作用：清代的思想、學術與心態》、《執拗的低音：一些歷史思考方式的反思》、《思想是生活的一種方式》、《啓蒙是連續的嗎？》、《近世中國的輿論社會》等。

　　王德威，台灣大學外文系畢業，美國威斯康辛大學麥迪遜校區比較文學博士。曾任教於台灣大學、美國哥倫比亞大學；現任哈佛大學東亞系暨比較文學系 Edward C. Henderson 講座教授。中央研究院院士，美國藝術與科學研究院院士。研究方向包括近現代中國與華語文學，比較文學，文學理論。近作包括《史詩時代的抒情聲音》、《華夷風起；華語語系文學三論》，*The Lyrical in*

*Epic Time: Modern Chinese Intellectuals and Artists Through the 1949 Crisis, Why Fiction Matters in Contemporary China*等。

丘慧芬（Josephine Chiu-Duke）為加拿大不列顛哥倫比亞大學亞洲學系教授。著有 *To Rebuild The Empire: Lu Chih's Confucian Pragmatist Approach To The Mid-T'ang Predicament*（2000）；編有《自由主義與人文傳統：林毓生先生七秩壽慶論文集》（2005）及《現代知識貴族的精神：林毓生先生思想近作選》（2020）。與 Michale S. Duke 合譯葛兆光著《中國思想史》2冊（2014）（2018）；並合譯《余英時回憶錄》（2021）；且合編余英時著中國歷史與文化英文論文集2冊：*Chinese History And Culture: Sixth Century BCE To Seventeenth Century* Vol. 1 *and Seventeenth Century Through Twentieth Century* Vol. 2（2016）；另出版多篇中、英文論文。

朱雲漢為中央研究院政治學研究所特聘研究員，臺灣大學政治學系教授，中研院院士並兼任蔣經國國際學術交流基金會執行長。1987年獲得美國明尼蘇達大學政治學博士學位，主要研究領域為社會科學方法論、民主化、東亞政治經濟、以及國際政治經濟學。近年的英文著作有：*Dynamics of Democracy in Taiwain: The Ma Ying-jeou Years*（co-edited with Kharis Templeman and Larry Diamond 2020）、*Routledge Handbook of Democratization in East Asia*（Co-edited with Tun-jen Cheng, 2017）、*Taiwan's Democracy Challenged*（co-edited with Larry Diamond and Kharis Templeman, 2016）、*Democracy in East Asia: The New Century*（co-edited with

Larry Diamond and Marc Plattner, 2013）；近年中文專書爲天下文化出版社於 2020 年出版之《全球化的裂解與再融合：中國模式與西方模式誰將勝出？》以及 2015 年出版之《高思在雲：一個知識份子對二十一世紀的思考》。

呂妙芬，現任中央研究院近代史研究所研究員，主要研究領域爲中國近世學術思想文化史，代表著作包括《成聖與家庭人倫：宗教對話脈絡下的明清之際儒學》（2017）、《孝治天下：《孝經》與中國近世的思想與文化》（2011）、《陽明學士人社群——歷史、思想與實踐》（2003）等。

李孝悌，美國哈佛大學歷史與東亞語文委員會博士（1996）。曾任中央研究院歷史語言研究所研究員（2001.12-2013.6），現任中央大學歷史所講座教。研究興趣主要在中國近現代和明清社會文化史、城市史及思想史。主要著作有《清末的下層社會啓蒙運動 1901-1911》、《昨日到城市：近世中國的逸樂與宗教》（2008）。*Opera, Society and Politics in Modern Chi*na（2019），以及《明清以降的宗教、城市與啓蒙》（2019）。

李貞德，國立台灣大學歷史系學士、碩士，美國西雅圖華盛頓大學歷史學博士，曾任美國哈佛大學燕京學社訪問學者、日本京都國際日本文化研究中心外國人研究員、國立清華大學歷史研究所教授兼所長，現任中央研究院歷史語言研究所特聘研究員兼所長。研究取徑與焦點，主要是從性別角度探 傳統中國的法律

制度和醫療文化，最近則將視野擴大到近代台灣、東亞世界與中西交流，出版專書兩本、主編論集三部，並發表論文數十篇。

胡曉眞，臺灣大學外文系學士、美國加州大學聖地牙哥校區文學系碩士、美國哈佛大學東亞系博士。現任中央研究院中國文哲研究所特聘研究員。主要研究領域為明清敘事文學、清末民初文學與女性文學，專書著作有《才女徹夜未眠——近代中國女性敘事文學的興起》、《新理想、舊體例與不可思議之社會——清末民初上海「傳統派」文人與閨秀作家的轉型現象》、《明清文學中的西南敘事》、《明清敘事文學中的城市與生活》等。

范麗梅，現任中央研究院中國文哲研究所副研究員。國立臺灣大學中國文學研究所博士。曾任美國芝加哥大學東亞語言與文明學系博士後研究、香港浸會大學中國語言文學系講學與訪問學者、美國哈佛大學東亞語言與文明學系訪問學者。研究領域集中在先秦兩漢經學與思想史、出土文獻與古文字學。主要著作有《言者身之文——郭店寫本關鍵字與身心思想》、《郭店儒家佚籍研究——以心性問題為開展之主軸》、《簡帛文獻與《詩經》書寫文本研究》，以及單篇論文數十篇。

唐小兵，湖南人，華東師範大學歷史學系教授，博士生導師，哈佛燕京學社訪問學者，主要研究領域為現代中國思想文化史與知識分子史、晚清民國報刊史、左翼文化與中國革命、回憶錄、口述史與 20 世紀中國的歷史記憶等，近著有《北美學蹤：從溫

哥華到波士頓》、《書架上的近代中國：一個人的閱讀史》、《與民國相遇》等，主要作品發表在《新聞與傳播研究》、《讀書》、《中共黨史研究》、《思想》（台北）、《二十一世紀》（香港）等海內外學術和思想文化期刊。

陳來，現任清華大學校學術委員會副主任、清華大學文科資深教授、清華大學國學研究院院長，清華大學哲學系教授。學術領域為中國哲學史，主要研究方向為儒家哲學、宋元明清理學、現代儒家哲學。學術專著包括《朱熹哲學研究》（1987，2000）、《朱子書信編年考證》（1989）、《有無之境——王陽明哲學的精神》（1991）、《古代宗教與倫理——儒家思想的根源》（1996）、《古代思想文化的世界》（2002）、《詮釋與重建——王船山的哲學精神》（2004）、《竹帛〈五行〉與簡帛研究》（2009）、《孔夫子與現代世界》（2011）、《中華文明的核心價值》（2015）等等。

黃克武，美國斯坦福大學歷史系博士，曾任中央研究院近代史研究所所長，現任該所特聘研究員，臺灣師範大學、臺灣大學歷史系兼任教授。研究領域為清末民國思想史、政治史與明清文化史。主要著作包括《顧孟餘的清高：中國近代史的另一種可能》（2020）、《胡適的頓挫：自由與威權衝撞下的政治抉擇》（2021）、《筆醒山河：中國近代啓蒙人嚴復》（2022），並編有《兩岸新編中國近代史》（與王建朗合編，2016）等書。

黃冠閔，法國巴黎索爾邦大學哲學史博士，現任中央研究院

中國文哲研究所研究員、國立政治大學哲學系合聘教授。著有《在想像的界域上──巴修拉詩學曼衍》（2014）、*Un autre souci de soi. Le sens de la subjectivité dans la philosophie chinoise antique*（2017）、《感通與迴盪：唐君毅哲學論探》（2018）。研究領域爲德國觀念論、當代法國哲學、比較哲學、現象學、美學，處理的主題包含主體性、想像、場所、風景、社會性、感觸與情感。

黃進興，中央研究院副院長、院士。研究中國近世思想史、宗教文化史、西方史學理論，著有《歷史主義與歷史理論》、《優入聖域：權力、信仰與正當性》、《聖賢與聖徒》、《後現代主義與史學研究》、《從理學到倫理學》、《學人側影》等書，著作有英文、日文、韓文等多語譯本。學術著作外，尤擅散文寫作。嘗以「吳詠慧」爲筆名，出版《哈佛瑣記》，風靡全球華文讀者，影響了一代又一代學子，餘音不輟。

葛兆光，北京大學古典文獻專業本科、研究生畢業，曾任清華大學歷史系教授，現任復旦大學文史研究院及歷史系文科資深教授。主要研究領域是東亞與中國的宗教、思想和文化史。主要著作有《中國禪思想史》（1995）、《中國思想史》（兩卷本，1998，2000）、《宅茲中國》（2011）、《想像異域》（2014）、《何爲中國》（2014）、《歷史中國的內與外》（2017）等。

廖肇亨，東京大學文學博士。中央研究院中國文哲研究所研究員。曾任日本東京大學客座教授。研究領域爲中國古典文學理

論、近世東亞佛教文化史、東亞文化交流史。曾獲得中研院優秀年輕學者著作獎（2005）、日本中國學會報特約撰述等榮譽。著有《中邊・詩禪・夢戲：明清禪林文化論述的呈現與開展》、《忠義菩提：明清之際空門遺民及其節義論述探析》，編有《聖傳與詩禪：中國文學與宗教研究論集》等，譯有日本荒木見悟《佛教與儒教》等。

蔡長林，臺灣大學中國文學系博士，現任中央研究院中國文哲研究所研究員。專研中國經學史、中國近三百年學術史、春秋學、尚書學。著有《論崔適與晚清今文學》、《常州莊氏學術新論》、《從文士到經生——考據學風潮下的常州學派》、《文章自可觀風色——文人說經與清代學術》等，主編有《晚清常州地區的經學》、《隋唐五代經學國際研討會論文集》、《林慶彰教授七秩華誕壽慶論文集》，校訂《翼教叢編》、《陳用光詩文集》。另有論文數十餘篇。

鍾彩鈞，英國倫敦大學亞非學院博士（1987）。曾任職於中山大學中國文學系、中央研究院中國文哲研究所，目前為該所兼任研究員（2019.8-）研究領域為宋明理學，著有《王陽明思想之進展》、*The Development of the Concepts of Heaven and of Man in the Philosophy of Chu Hsi*、《明代程朱理學的演變》、《明代心學的文獻與詮釋》等。研究成績在整理理學家的思想體系，表彰其成就與特色，並進而嘗試論述理學家生活的各個層面，如政治、社會、文化活動等等。

國家圖書館出版品預行編目資料

閱讀余英時—著作與志業/王汎森, 王德威, 丘慧芬, 朱雲漢, 呂妙芬
李孝悌, 李貞德, 胡曉真, 范麗梅, 唐小兵, 陳來, 黃克武, 黃冠閔,
黃進興, 葛兆光, 廖肇亨, 蔡長林, 鍾彩鈞著.
-- 初版. -- 臺北市：允晨文化實業股份有限公司, 2023.02
面；　公分. -- (允晨叢刊；183)
ISBN 978-626-96872-2-0(平裝)

1.CST: 余英時 2.CST: 學術思想 3.CST: 文集

783.3886　　　　　　　111021403

允晨叢刊 **183**

閱讀余英時──著作與志業

作　　者：王汎森、王德威、丘慧芬、朱雲漢、呂妙芬
　　　　　李孝悌、李貞德、胡曉真、范麗梅、唐小兵
　　　　　陳　來、黃克武、黃冠閔、黃進興、葛兆光
　　　　　廖肇亨、蔡長林、鍾彩鈞

發 行 人：廖志峰

執行編輯：簡慧明

美術編輯：劉寶榮

法律顧問：邱賢德律師

出　　版：允晨文化實業股份有限公司

地　　址：台北市南京東路三段21號6樓

網　　址：http://www.asianculture.com.tw

e－mail：ycwh1982@gmail.com

服務電話：(02)2507-2606

傳真專線：(02)2507-4260

劃撥帳號：0554566-1

印　　刷：中茂分色製版印刷事業股份有限公司

裝　　訂：聿成裝訂股份有限公司

初版日期：2023年2月